Selecciones
españolas

Selecciones españolas

españolas

A
Basic
Spanish
Reader

Angel Flores

MACMILLAN PUBLISHING CO., INC.
New York
COLLIER MACMILLAN PUBLISHERS
London

DESIGN BY Jim Anderson
ILLUSTRATION BY Jude and John Kane

Macmillan Publishing Co., Inc.
866 Third Avenue, New York, New York 10022

Collier Macmillan Canada, Ltd.

Library of Congress Catalog Card Number: 79-91287
ISBN 0-02-338310-0
Printing Number: 10 9 8 7 6 5 4 3 2 1

Printed in the United States of America

Contents

Acknowledgments

I am very much indebted to my gifted and much admired friends, Jorge Luis Borges, Conrado Nalé Roxlo and Hernando Téllez for their kind permission to include their stories. Two other generous contributors, "Azorín" and Gregorio López y Fuentes, did not live to see publication of this collection. I dedicate it to their memory. Finally, I wish to thank Elaine Goldman of Macmillan Publishing Co., Inc., for her never-failing assistance in producing this book.

Preface

Selecciones españolas is a group of carefully chosen stories geared to students who have acquired a minimum Spanish vocabulary and a reasonable knowledge of the basics of grammar. Read in sequence, from the simpler to the more complex, the stories will enable students to develop their reading skills, at the same time providing material for lively classroom discussion. For students who are more fluent in reading, the pieces may, of course, be read in any order that the instructor or students choose to fit their objectives.

To insure rapid progress and full understanding, the glosses on the righthand pages are unusually detailed. Glossed words and phrases are signaled by a superscript circle in the text. It is hoped that students will achieve the satisfaction of ignoring more and more of these circles as they read. In fact, under some circumstances it may be productive to encourage students to cover the righthand page and try to work out the meaning without help, returning later to the glosses to check their understanding.

Each story is accompanied by a note on the author, an oral exercise consisting of questions on the text, and an English-to-Spanish translation exercise to check the students' mastery of words, phrases, and structures in the story. There is also

a full Spanish-English vocabulary at the end of the book.

Of essential importance to any Reader is its success in motivating the student. The material included was chosen for its intrinsic interest to sophisticated readers with good taste and a sense of humor. The selections, by many significant writers of the past and present, derive from the best and most genuine Hispanic tradition, and are revealing of the way of life and the psychology of Spanish-speaking peoples.

It is wonderful to realize that the Spanish used by these authors, whose lives span five centuries, all the way from the sixteenth to the twentieth, and who hailed from nine countries — Argentina, Chile, Colombia, Ecuador, Guatemala, Mexico, Peru, Spain and Uruguay — is basically the same language, with few if any local variations: one Spanish serves them all. Thus, students who learn this one Spanish, will find no difficulty using it wherever Spanish is spoken.

ANGEL FLORES

Un día don Luis se siente° tan enfermo que le dice a su mujer:

—María, voy a tener que guardar cama.° Me siento° demasiado débil.° Pero ¿quién va a ocuparse de mis negocios?°

Su mujer le contesta:—Luis, dentro de un par de días° vas a sentirte mejor.° No debes de quedarte en cama° mucho tiempo pues es un lujo.°

—Estoy de acuerdo con eso°—responde don Luis—es un lujo. No debemos llamar a un médico. Mejor es rezar° a los santos pues eso no cuesta° nada.

Sin embargo, a pesar de muchas oraciones,° don Luis se pone peor° y, finalmente, tiene que llamar° a un médico.

Cuando el médico llega, don Luis le pregunta en seguida cuánto cobra° por cada visita. El médico no quiere discutir el asunto,° pero don Luis insiste.

—Pues bien, le va a costar diez pesetas por cada visita—declara el médico.

—¡Qué barbaridad!° Eso es mucho dinero—exclama don Luis.

—Sí, es demasiado caro°—dice doña María.

—Le ofrezco° siete pesetas—propone don Luis.

—Le podemos dar hasta ocho, pues somos generosos—añade° doña María.

Luis Taboada (1846-1906) was one of the most popular writers of nineteenth-century Spain because of his delightful satires of the men and customs of his time. In *Las cuatro pesetas,* for instance, he

Luis Taboada I

peseta monetary unit of Spain; at the time of the story the peseta was worth twenty cents

se siente [present indicative *sentirse*] feels

guardar cama to stay in bed, lit. to keep bed

me siento I feel / *demasiado débil* too weak

¿quién . . . negocios? who will take care [lit. who is going to take care] of my business?

dentro de . . . días in a couple of days / *vas a . . . mejor* you are going to feel better
No debes . . cama You ought not to remain in bed [Cf. *guardar cama* above] / *lujo* luxury

estoy . . . eso I agree with that

Mejor es rezar It is better to pray / *cuesta* [present indicative *costar*] costs

Sin embargo . . . oraciones However, in spite of many prayers

se pone peor gets worse / *llamar* to call, summon

cobra charges

el asunto the matter

¡Qué barbaridad! How awful!

caro expensive

ofrezco [present indicative *ofrecer*] I offer

añade adds

---

centers his attention on a stingy couple who carry their greediness to extremes.

El doctor baja la cabeza.°

Don Luis le muestra° el brazo izquierdo:°—Aquí tiene, para tomarme el pulso;° pero le adverito,° no quiero recetas° caras. Los tiempos están muy malos.°

—¡El que está muy malo es usted!°—exclama el médico al terminar el examen°—¿come usted bien?

—¡Claro que sí!°—dice doña María—mi marido se come todas las mañanas° un panecillo entero.°

—Es necesario darle más de comer—afirma el médico—¿Le gusta a usted la carne?°

—¡Claro que me gusta!°—contesta don Luis—Pero es demasiado cara.

—Aún así,° va a tener que comer mucha carne y beber buen vino y mucha leche,° y trabajar° muy poco, ya sabe.°

Don Luis abre los ojos desmesuradamente;° está asustado° y también lo está doña María. El médico dice que va a volver al día siguiente.°

—Si no es absolutamente necesario, no tiene que molestarse en venir°—le dice don Luis.

Y de muy mala gana° doña María paga° al médico ocho° pesetas.

El médico se va y los esposos° se miran en silencio durante algunos minutos.

—¡Nos va a arruinar!°—exclama al fin don Luis, sentándose° en la cama.

—Trata de levantarte,° Luis, pues ya tu enfermedad° nos está costando un dineral°—le aconseja° doña María.

Don Luis trata de levantarse pero no puede. Doña María le trae un pedazo de queso° para ver si con eso se pone mejor,° y le dice:—Aquí tienes comida fuerte.°

Algo alarmado,° él le pregunta:—¿Y de dónde sale este queso?°

4

baja la cabeza   lowers his head

muestra [present indicative *mostrar*] shows / *brazo izquierdo* left arm

para . . . pulso   in order to take my pulse, i.e. so that you can take my pulse

le advierto [present indicative *advertir*]   I warn you / *recetas* prescriptions

Los tiempos . . . malos   Times are very bad

¡El que . . . usted!   You are the one who is very bad! [Notice that *malo* means both "bad" and "ill"]

al terminar el examen   on finishing the examination

¡Claro que sí!   Of course! [emphatic]

todas las mañanas   every morning / *panecillo entero* a whole roll

carne   meat

¡Claro . . . gusta!   Of course I like it!

Aún así   Even so

leche f.   milk / *trabajar* to work

ya sabe   now you know

abre . . . desmesuradamente [lit. excessively]   opens his eyes very wide

asustado   frightened

que va . . . siguiente   that he is going to return the next day

no tiene que . . . venir   don't bother coming

de muy mala gana   very unwillingly, reluctantly / *paga* pays

ocho   eight

esposos   husband and wife

¡Nos va a arruinar!   He's going to ruin us!

sentándose   sitting up

levantarte   to get up

enfermedad   illness / *dineral* a great deal of money

le aconseja   advises him

le trae . . . queso   brings him a piece of cheese

se pone mejor   gets better

Aquí tienes . . . fuerte   Here's some substantial food

Algo alarmado   Somewhat alarmed

¿de dónde . . . queso?   where does this cheese come from?

—Me lo acaba de dar una vecina.°

—¡Qué sabroso° es!

—Pues, a comer,° que estás muy débil.

Al día siguiente° el médico regresa,° examina a don Luis y declara que está peor.° En seguida manda° a doña María a la botica° en busca de° una medicina.

Doña María va, pero de mal humor.° Cuando el boticario° le da la medicina, ella pregunta:—¿Cuánto cuesta?°

—Tres pesetas.

—¡Tres pesetas! ¿Está usted loco?° ¡Este es un robo!°—y casi se desmaya.°

Pero en realidad° doña María no se desmaya; lo que sí hace es regatear.° Regatea y regatea hasta que el boticario, para deshacerse° de ella, rebaja° el precio de la medicina a dos pesetas.

Al saber° lo que costó, don Luis empeora.° Doña María se la quiere° hacer beber en seguida, pero él prefiere sólo unas gotitas pues así va a durarle más tiempo° y eso es bueno, por lo cara que es.

Al día siguiente el médico regresa y encuentra a don Luis mucho peor.

—Este pobre hombre se muere° de frío.° Doña María, debe usted comprarle mejor ropa° de la que tiene.

—¡Mejor ropa!—exclama doña María.

—Eso no es necesario—susurra° don Luis—la ropa vieja me basta.°

—¿Para qué sirve la ropa vieja?°—le pregunta el médico.

—Pues, si me da frío,° me pongo° la ropa vieja sobre la ropa que ahora llevo.° Ropa sobre ropa.

—Sí—añade° doña María—y si no tienes bas-

Me . . . vecina A neighbor just gave it to me

sabroso delicious

a comer eat [the infinitive is frequently used as imperative]

al día siguiente next day / *regresa* returns

está peor is worse

manda sends / *botica* drugstore / *en busca de* for [lit. in search of]

de mal humor in a bad humor

boticario druggist

cuesta [present indicative *costar*] costs

¿Está usted loco? Are you insane?

¡Este es un robo! This is [highway] robbery! / *casi se desmaya* she almost faints

en realidad really

lo que . . . regatear what she does [emphatic] is to start bargaining

deshacerse to get rid / *rebaja* lowers or cuts [the price]

Al saber Upon learning / *empeora* gets worse

quiere [present indicative *querer*] wishes

prefiere [present indicative *preferir*] . . . *tiempo* he prefers to take only a few drops [at a time] for then it will last longer

se muere [present indicative *morir*] is dying / *de frío* of cold

ropa clothes

susurra whispers

me basta satisfies me [lit. is enough for me, suffices]

¿Para qué . . . vieja? What are old clothes good for?

si me da frío if I get cold / *me pongo* [present indicative *ponerse*] I put on

que ahora llevo that I am wearing now

añade adds

7

tante ropa vieja, te doy la mía y te la pones sobre la tuya.

Don Luis va de mal en peor. El médico declara que como no obedecen sus órdenes, él no va a visitarle más.

—Doña María, debe usted comprarle buen vino y darle un vasito cada dos horas.° De otro modo su marido va a seguir empeorando.

—Pero, doctor, ¡el buen vino es tan caro! . . .

—No tengo más que decir—y el médico se marcha° bastante enojado.°

A doña María no le queda más remedio que ir por vino.° A su regreso,° su marido le pregunta:— ¿De dónde vienes?°

—De comprar un buen vino—contesta doña María.—Bastante caro, por cierto.°

—¿Cuánto?

—Cuatro pesetas.

—¡Cuatro pesetas!—repite° con horror° don Luis, mientras deja caer la cabeza pesadamente° . . . Así es como muere don Luis.

EJERCICIO ORAL

1. ¿Cómo se siente don Luis?
2. ¿Mejora pronto?
3. ¿Quién viene a verle?
4. ¿Cuántas pesetas le ofrece al médico don Luis por cada visita?
5. ¿Come bien don Luis?
6. ¿Qué debe comer y beber, según el médico?
7. ¿Quién da queso a doña María?
8. ¿Es barata la medicina del boticario?
9. ¿Es nueva la ropa de don Luis?
10. ¿Cuánto cuesta el vino que doña María compra?
11. ¿Lo encuentra usted caro?
12. ¿Cuánto paga usted por su vino?

vasito . . . horas one small glass [a jigger] every two hours

se marcha leaves / *bastante enojado* rather angry

A doña María . . . vino There's nothing left for Doña María to do but to go for wine / *A su regreso* On her return
vienes [present indicative *venir*] come

por cierto as a matter of fact

repite [present indicative *repetir*] repeats / *con horror* horrified
deja . . . pesadamente his head falls down heavily

EJERCICIO ESCRITO

1. Don Luis gets worse and has to call a doctor.
2. To remain in bed is a great luxury.
3. The doctor says that each visit is going to cost Don Luis ten pesetas.
4. Don Luis offers seven pesetas.
5. The doctor takes his pulse.
6. Upon finishing the examination, the doctor declares that Don Luis is very ill.
7. Don Luis says that meat is too expensive.
8. "The doctor is going to ruin us!" he exclaims.
9. Don Luis tries to get up.
10. The doctor returns on the following day and examines him again.
11. He is dying of cold.
12. Good wine is expensive.
13. Don Luis dies.

9

2 El embrollón°

Alegre, bonachón, y bastante inteligente,° Pedro Maraña° no tenía más que un defectillo:° era la persona más informal del mundo,° el hombre más liberal en el prometer y el más avaro en el cumplir.°

Miembro del Consejo Municipal,° don Pedro pertenecía también a la Cámara de Comercio° y muchas otras organizaciones. En todas ellas se hizo conspicuo° por su puntualidad de no asistir a las sesiones.° Siempre que se debía hacer alguna decisión urgente, don Pedro tomaba su escopeta y se iba a cazar.°

En cierta ocasión se comprometió a hacer el papel principal en una comedia.° En el segundo acto° el personaje° a quien representaba debía simular una fuga,° y don Pedro tuvo la peregrina° idea de fugarse de veras:° se marchó a dormir a su casa, dejando a espectadores° y actores esperándole.

Don Pedro nunca contestaba cartas, ni acudía a citas,° ni pagaba deudas.° A veces algún amigo le invitaba a comer, don Pedro aceptaba, y, claro está,° nunca asistía.

Don Pedro jamás se cansaba de repetir° que su casa, sus bienes,° y su persona misma estaban siempre° a la disposición° de todos sus amigos y conocidos.° Si alguien anunciaba° en su presencia

Not unlike the sketches published in *The Spectator* by the eighteenth-century English writers Addison and Steele are the delight-

José Milla 2

---

embrollón embroiler, trickster

Alegre . . . inteligente Cheerful, good-natured and rather intelligent

Pedro Maraña lit. Peter Entanglement / *no tenía . . . defectillo*
had but one slight defect [*defectillo*, dim. of *defecto*]

la persona . . . mundo the most unreliable person in the world

más liberal . . . cumplir the most liberal in making promises and the
most niggardly in fulfilling them

Miembro . . . Municipal a member of the Municipal Council

Cámara de Comercio Chamber of Commerce

se hizo [preterite *hacerse*] *conspicuo* became conspicuous

por su puntualidad . . . a las sesiones for the regularity with which
he failed to attend meetings

tomaba . . . cazar would pick up his gun and go hunting

se comprometió . . . comedia committed himself to taking the lead-
ing role in a play

segundo acto second act / *personaje* character [in a play or a novel]

representaba . . . fuga he was impersonating was supposed to take
flight / *peregrina* felicitous

fugarse de veras really [and truly] decamping [lit. fleeing]

espectadores audience [lit. spectators]

ni acudía a citas nor kept appointments / *ni pagaba deudas* nor
paid debts

claro está of course

jamás se cansaba de repetir never tired of repeating

bienes m.pl. property

siempre always / *disposición* f. disposal

conocidos acquaintances / *anunciaba* announced

---

fully satirical observations on the human condition printed in the
newspapers of Guatemala City by José Milla (1822-1882).

11

que iba de viaje,° don Pedro le ofrecía en seguida su caballo:° "Puede contar con él," decía enfáticamente. Pero cuando el crédulo acudía° por el caballo, contestaba don Pedro que lo sentía mucho,° que el animal se puso enfermo,° etc. etc. Si uno buscaba coche para ir a la estación° al encuentro° de su familia que regresaba de sus vacaciones, don Pedro se apresuraba° a ofrecer su coche, pero a la hora precisa Dios sabe que rueda aparecía rota°. . .

Pero todo esto no era nada en comparación con los embrollos° de don Pedro en materia de amoríos.° Emprendía° aventuras de ese género por centenares.° A veces tenía ocho o diez novias° simultáneamente, y lo curioso del caso es que encontraba tiempo para acudir a tantas citas, a hallarse presente en tantos sitios.° Con frecuencia se acumulaba tanto el trabajo° que tuvo que darle empleo a un escribiente.°

Sin embargo, llegó el día en que don Pedro dió con la horma de su zapato.° Sucedió° pues que agregó° al número de sus novias a una señorita llamada° Florencia del Anzuelo,° de veinte y cuatro° años de edad y muchísimos meses más° . . . hasta llegar a un total de treinta y ocho° años. Florencia estaba un poco marchita:° era flaca,° chata de nariz,° de boca° grande, y espantosamente bizca.° A pesar de todo° eso, llegó a ponerse a la moda° y fué declarada linda, hechicera, "fabulosa."° Don Pedro observó a esa Venus y le pareció bastante fea,° pero como ya ella era famosa, se dedicó a una conquista° que consideraba facilísima.° Como al principio° don Pedro fracasó,° tuvo que instar y porfiar con mayor denuedo.° Temiendo volverse loco, ofreció casamiento.°

Al oír la mágica palabra "casamiento," la dama

iba de viaje   was going on a trip

caballo   horse

el crédulo acudía   the gullible one came

lo sentía mucho   he felt very sorry / *se puso* [preterite *ponerse*] *enfermo*   got sick

estación f.   railroad station

al encuentro   to meet [lit. for the meeting of]

se apresuraba   hastened

a la hora . . . rota   at the appointed time God knows what wheel would turn up broken

embrollos   embroilments, entanglements, messes

en materia de amoríos   when it came to [lit. in the matter of, concerning] love affairs / *Emprendía*   He undertook, he got involved in

de ese género por centenares   of this type by the hundreds / *novias* girl friends

sitios   places

se acumulaba . . . el trabajo   work piled up so high

tuvo que . . . escribiente   he was forced to hire a secretary

dió . . . zapato [colloquialism, used here ironically] met his match [lit. came across the shoemaker's last that fit his shoe] / *sucedió* it came to pass

agregó   added

llamada   named / *Florencia del Anzuelo*   lit. Florence of the Fish-hook

veinte y cuatro   twenty-four / *muchísimos meses más*   many many months more

treinta y ocho   thirty-eight

un poco marchita   a bit faded / *flaca*   skinny

chata de nariz   flat-nosed / *boca*   mouth

espantosamente bizca   frightfully cross-eyed / *a pesar de todo* in spite of all [this]

llegó . . . moda   she became the rage

fué declarada . . . "fabulosa"   was considered pretty, bewitching, "fabulous"

le pareció . . . fea   seemed to him rather ugly

se dedicó . . . conquista   he devoted himself to a conquest

facilísima   extremely easy / *al principio*   at first / *fracasó*   failed

tuvo que . . . denuedo   he had to insist and persist with increased zeal

Temiendo . . . casamiento   Fearing to go insane, he offered to marry her [lit. he proposed marriage]

13

se rindió y se señaló en seguida el día para la boda.° Ocho días empleó don Pedro en devolver cartas, retratos, sortijas, flores secas, cabellos, y demás artículos de sus ex-novias.°

Llegó el día, al fin, en que nuestra mariposa° iba a quemar sus alas° para no volar° más de flor en flor.° Todo estaba listo.° El cura° y los padrinos° estaban en la iglesia,° ya repleta de gente.° La novia se acercó° al altar como un general triunfante a quién le abren las puertas de una ciudad declarada inexpugnable.°

Don Pedro estaba pensativo,° como quien medita una resolución extraña y atrevida.°

Al preguntarle el cura si recibía por legítima esposa° a la señorita Florencia del Anzuelo, un NO claro y bien pronunciado dejó asombrados a todos.° El cura repitió la pregunta y habiendo escuchado la mismísima respuesta,° se encogió de hombros° y se retiró° no menos asombrado que los otros. La pobre novia cayó desmayada° . . .

Aquel escandaloso suceso° fué el asunto de todas las conversaciones.° La *pobre* Florencia se ganó la simpatía de todas sus amigas, y muy especialmente de las solteronas,° que declararon a Pedro Maraña monstruo abominable. La gente sensata° le censuró° y los parientes° de Florencia querían desafiarlo a duelo.°

La infeliz° mujer se quedó en cama con fiebre° durante ocho días. Cuando recobró la salud se puso a buscar una manera de reparar aquel ultraje.° Poco tardó en encontrarla. Don Pedro, que en el fondo° no era mala persona, viendo el resultado de su fea acción,° se arrepintió.° Estaba dispuesto° a hacer cualquier cosa por reparar el daño° causado.

Entonces fué cuando Florencia le propuso volver

14

la dama . . . boda the lady surrendered [*se rindió* preterite *rendirse*] and the day for the wedding was fixed immediately

devolver . . . ex-novias returning letters, photographs, rings, dried flowers, locks of hair, and other articles from his ex-sweethearts
mariposa butterfly

iba . . . alas was to have his wings burned / *volar* to fly
de flor en flor from flower to flower / *Todo estaba listo* Everything was ready / *cura* m. priest / *padrinos* best men
iglesia church / *repleta de gente* jammed with people

se acercó approached

declarada inexpugnable considered impregnable

pensativo pensive

resolución . . . atrevida a strange and bold resolution

legítima esposa lawful wife

dejó . . . todos left everyone astonished

habiendo . . . respuesta having heard the selfsame answer / *se encogió* [preterite *encogerse*] *de hombros* shrugged his shoulders

se retiró withdrew
cayó desmayada fainted

suceso event

asunto . . . conversaciones the topic of all conversations

solteronas spinsters

sensata sensible

parientes m.pl. relatives

desafiarlo a duelo to challenge him to a duel

infeliz unfortunate / *fiebre* f. fever

se puso [preterite *ponerse*] *. . . ultraje* devoted herself to thinking of some way to avenge that outrage

en el fondo deep down [deep in his heart]

el resultado . . . acción the result of his ugly conduct / *se arrepintió* [preterite *arrepentirse*] repented / *dispuesto* ready
daño damage, harm

15

al altar para ella rechazarle° a él y así quedar iguales,° y su amor propio satisfecho.° La idea le pareció excelente a don Pedro.

Llegó el día de la nueva boda fingida° y, como era natural, la iglesia se llenó de gente otra vez. El cura hizo su pregunta y don Pedro contestó que sí: él recibía por esposa a la señorita Florencia del Anzuelo. Volviéndose° entonces a la dama, el cura preguntó si recibía por esposo a don Pedro Maraña, a lo que° ella respondió con un Sí tan sonoro que retumbó° por toda la iglesia.

Don Pedro se quedó frío como un cadáver° y estuvo a su vez a punto de desmayarse. Su esposa, doña Florencia, estaba seria e impasible, gozando interiormente de su venganza.° Pero su gozo no duró° mucho tiempo pues el pobre hombre, cogido en la red contra su voluntad,° se fué entristeciendo hasta que enfermó y murió.°

EJERCICIO ORAL

1. ¿Cuál es el único defecto de don Pedro?
2. ¿Qué pasó una vez cuando don Pedro representaba un papel en una comedia?
3. ¿Qué le decía a sus amigos que iban de viaje?
4. ¿Cuantas novias tenía a veces don Pedro?
5. ¿Por qué tuvo que darle empleo a un escribiente?
6. Describir a la señorita Florencia del Anzuelo.
7. ¿Por qué decidió don Pedro casarse con Florencia?
8. ¿Por qué dijo que NO don Pedro durante la ceremonia en la iglesia?
9. ¿Cómo se vengó Florencia?
10. ¿Fué muy feliz don Pedro después de su casamiento?

rechazarle to turn him down

así quedar iguales thus be even / *su amor . . . satisfecho* her pride
be satisfied

boda fingida make-believe marriage

Volviéndose [present participle *volverse*] Turning

a lo que to which

retumbó resounded

cadáver corpse

venganza revenge

no duró did not last

cogido . . . voluntad caught in the trap [*red* f., lit. net] against his
will

se fué . . . murió became sadder and sadder until he fell ill and died

---

EJERCICIO ESCRITO

1. Don Pedro belonged to the Chamber of Commerce but
   never attended meetings.
2. He accepted dinner invitations but failed to show up.
3. He used to offer his horse and carriage to his friends.
4. He had so many letters to write that he had to hire a secretary.
5. Florencia was twenty-four years and many, many months
   old.
6. As soon as she heard the word "marriage" she surrendered.
7. Don Pedro spent eight days returning letters, photos, and
   rings to his former girl friends.
8. When the priest asked the question, he answered "No."
9. The scandalous event became the topic of conversation.
10. All the women, especially the old maids, considered Don
    Pedro a monster.
11. Florencia's relatives wanted to challenge him to a duel.
12. She took her revenge.
13. Don Pedro got sick and died.

17

3 La camisa de Margarita

Margarita era la hija mimada° de don Raimundo Pareja, aristócrata° muy rico, que en 1765 era Colector General en el Callao,° puerto de Lima. Margarita era una de esas limeñitas° que por su belleza° cautivaban° a todos los hombres y al mismo diablo.°

Llegó por entonces° de España un arrogante mancebo° llamado Luis Alcázar, que tenía en Lima un tío solterón,° un aragonés extremadamente rico y orgulloso.°

Por supuesto° que, mientras le llegaba la ocasión de heredar° a su tío, nuestro Luis vivía tan pobre como un ratón de sacristía.°

En la procesión de Santa Rosa° conoció Luis a la bella Margarita.° La muchacha le llenó el ojo° y le flechó el corazón.° Luis le dijo muchas cosas lindas° y aunque ella no contestó ni sí ni no, dió a entender° con sonrisitas° que le agradaba el mancebo.°

La verdad es° que se enamoraron locamente.°

Como los amantes° se olvidan° que existe la aritmética, Luis no consideró su pobreza° un obstáculo para el logro° de sus amores° y fué a ver al padre de Margarita con el propósito de° pedirle la mano de su hija.°

A don Raimundo no le agradó la petición° y

Peru's outstanding writer, Ricardo Palma (1833-1919), who for many years was Director of the National Library of Lima, excelled in writing piquant historical sketches and saucy short stories. These he collected in several volumes under the general title *Tradiciones peruanas.* Illustrative of Palma's verve and comic spirit

mimada pampered

aristócrata f. and m.   nobleman

Colector . . . Callao collector of Revenue for the port of Callao [which is the port for Lima]

limeñita [diminutive of *limeña*]   girl from Lima

belleza beauty / *cautivaban* captivated, charmed

al mismo diablo the devil himself

Llegó por entonces At about this time there arrived

arrogante mancebo dashing young fellow

tío solterón [old] bachelor uncle

un aragonés . . . orgulloso an extremely wealthy and proud Aragonese, i.e. a native of the province of Aragon, Spain, notorious for haughtiness

por supuesto of course, naturally

de heredar for inheriting

tan pobre . . . sacristía as poor as a church [lit. sacristy] mouse

En la procesión de Santa Rosa At the procession [in honor] of Santa Rosa [patron saint of Lima]

conoció . . . Margarita Luis made the acquaintance of the lovely Margarita / *le llenó el ojo* filled up his eye

le flechó el corazón pierced his heart [as with an arrow, *flecha*] / *cosas lindas* pretty things, i.e. showered her with compliments

dió a entender she let it be understood

con sonrisitas [dim. of *sonrisas*] with little smiles / *le agradaba el mancebo* that the young fellow was to her liking

la verdad es the truth of the matter is / *se enamoraron locamente* they fell madly in love

amantes lovers / *se olvidan* forget

pobreza poverty

logro realization, consummation / *amores* m.pl. love affair

con el propósito de with the [avowed] purpose of

pedirle . . . hija to ask him for his daughter's hand

A don Raimundo . . . petición Don R. was not pleased by the request

---

is *La camisa de Margarita* [Margarita's Chemise] which, he claimed, originated as he was trying imaginatively to explain an expression frequently used by old ladies in their haggling in the stores of Lima: "Why, this is more expensive than Margarita's chemise. . . !"

despidió° al mozo, diciéndole que Margarita era aún muy joven para tomar marido,° pues a pesar de sus diez y ocho años,° todavía jugaba con muñecas.°

Pero la verdad era que don Raimundo no quería ser suegro de un pobretón,° y así se lo dijo a sus amigos, uno de los cuales fué con el chisme° a don Honorato, como se llamaba el tío aragonés. Éste, que era más altivo que el Cid,° gritó con rabia:°

—¡Cómo!° ¿Desairar° a mi sobrino, cuando no hay muchacho más gallardo° en todo el Perú? ¡Qué insolencia!° ¿Cómo se atreve ese colectorcillo de mala muerte?°

Margarita, enojada y nerviosa, gimoteaba° y se arrancaba el pelo.° Según pasaban los días enflaquecía° y hablaba de meterse a monja.°

Don Raimundo se alarmó, llamó médicos, habló con boticarios, y todos declararon que la niña tiraba a tísica° y que la única medicina salvadora° no la vendían en las boticas.

O casarla con el varón de su gusto o encerrarla en un ataúd:° tal era la alternativa.

Don Raimundo (¡al fin, padre!) fué en seguida a casa de don Honorato y le dijo:

—Quiero casar a Margarita con su sobrino mañana, porque, si no, la muchacha se va camino del cementerio.°

—Lo siento mucho pero no puede ser—contestó don Honorato—mi sobrino es un pobretón y usted debe buscar un hombre fabulosamente rico para su bella hija.

La entrevista fué borrascosa.° Mientras más rogaba don Raimundo más se oponía don Honorato.° Ya que no se resolvía nada,° Luis intervino:°

—Pero, tío, no es justo matar a quien no tiene la culpa.°

despidió [preterite *despedir*]   dismissed

para tomar marido   for taking a husband

a pesar . . . años   in spite of her eighteen years

todavía . . . muñecas   she still played with dolls

suegro de un pobretón   father-in-law of a pauper

chisme m.   gossip

más altivo que el Cid   haughtier than the Cid [Spain's national
   hero] / *gritó con rabia*   fumed with rage [lit. shouted angrily]
¡Cómo!   [exclamation of indignation, surprise, etc., equivalent to
   "Well, of all things!" or "How do you like that?"] / *desairar*
   rebuff
más gallardo   finer looking
¡Que insolencia!   The nerve! Of all the insolence!
¿Cómo se atreve . . . muerte?   How dare that worthless little tax
   Collector?
enojada . . . gimoteaba   angry and highstrung, whined

se arrancaba el pelo   pulled her hair

enflaquecía   lost weight / *meterse a monja*   becoming a nun

tiraba a tísica   was becoming consumptive / *salvadora*   saving

O casarla . . . ataúd   Either marry her to the man of her choice or
   lock her up in a coffin

se va . . . cementerio   will be bound for the cemetery

La entrevista fué borrascosa   The interview was a stormy one

Mientras . . . Honorato   The more Don Raimundo pleaded, the more
   Don Honorato objected / *Ya que . . . nada*   Since nothing was
   being accomplished / *intervino* [preterite *intervenir*]   intervened,
   i.e. took a hand in the discussion
matar . . . culpa   to kill someone who is not to blame

21

—¿Tú insistes en casarte con ella? ¿Es eso lo que quieres?

—Sí, tío, de todo corazón.°

—Pues bien, muchacho, consiento en darte gusto° pero con una condición: don Raimundo tiene que jurar° que no ha de regalar° ni un centavo a su hija, ni le ha de dejar un centavo en su testamento.°

Aquí comenzó una nueva y agitada° discusión:

—Pero, hombre,—decía don Raimundo—mi hija tiene veinte mil duros° de dote.°

—Renunciamos° a la dote. La niña debe venir a casa de su marido nada más que con la ropa que lleva puesta.°

—Pues yo quiero darle por lo menos los muebles° y el ajuar°—insistía don Raimundo.

—¡Ni un alfiler!°—gritaba don Honorato—¡Ni un alfiler! Si no, dejarlo y la culpa es de usted si la chica se muere.°

—Pero, don Honorato, mi hija necesita llevar siquiera° una camisa para reemplazar la puesta.°

—Bien, para terminar—exclamó don Honorato —consiento en la camisa.

Al día siguiente don Raimundo y don Honorato se dirigieron temprano a San Francisco para oír misa,° y, de acuerdo con el pacto,° en el momento en que el sacerdote elevaba la Hostia divina,° dijo el padre de Margarita:

—Juro no dar a mi hija más que una camisa.

Y don Raimundo cumplió al pie de la letra° su juramento, porque después de esta camisa no dió a su hija otra cosa.

Los encajes de Flandes° que adornaban la camisa de Margarita costaron dos mil setecientos° duros y el cordón que la ajustaba al cuello° era una cadena

de todo corazón with all my heart

consiento [present indicative *consentir*] *en darte gusto* I'm willing
  to please you
jurar to swear / *regalar* to give away free

testamento last will

agitada excited, heated

veinte mil duros twenty thousand duros [the *duro* is a Spanish
  monetary unit, worth five *pesetas*] / *dote* f. dowry
Renunciamos We give up

la ropa . . . puesta with just what she's wearing [lit. with the clothes
  she's wearing]
muebles m.pl. furniture

ajuar m. trousseau

¡Ni un alfiler! Not a pin!

dejarlo . . . se muere [otherwise] call it off, and if the girl dies you
  are to blame

siquiera at least / *reemplazar la puesta* to replace the one she has
  on

para oír misa to hear Mass / *de acuerdo con el pacto* according to
  the agreement
en el momento . . . divina at the moment the priest raised the
  [Blessed] Host

al pie de la letra to the letter

encajes de Flandes Brussels lace [lit. Flanders lace], mechlin lace,
  malines
dos mil setecientos two thousand seven hundred
cordón . . . cuello the drawstring at the neck [lit. the string that
  adjusted it to her neck]

23

de brillantes° que costó no menos de treinta mil°
duros.

Los recién casados° hicieron creer al tío aragonés
que la camisa no valía más de un duro, y así todo
terminó alegremente° y no pudo el testarudo° don
Honorato anular la boda o pedir un divorcio.

EJERCICIO ORAL

1. ¿Quién era el padre de Margarita y en qué trabajaba?
2. ¿Cómo era Margarita?
3. ¿Quién era Luis y con quién vivía?
4. ¿Qué pasó entre Luis y Margarita?
5. ¿Qué contestó don Raimundo cuando Luis pidió la mano de Margarita?
6. ¿Cómo se llamaba el tío de Luis, y cómo era?
7. ¿Cómo reaccionó Margarita ante la negativa de su padre?
8. ¿Qué decidió entonces don Raimundo?
9. Cuando al fin don Honorato acepta, ¿qué condición pone?
10. ¿Cumplió don Raimundo su promesa? ¿Cómo?

cadena de brillantes a chain of diamonds / *treinta mil* thirty thousand

recién casados newlyweds

alegremente happily / *testarudo* stubborn, pig-headed

EJERCICIO ESCRITO

1. Margarita was so beautiful that she used to captivate all the men of Lima.
2. A handsome young man named Luis came to live with his uncle in Peru.
3. Although Don Honorato was very rich, his nephew was as poor as a churchmouse when he met Margarita.
4. They fell madly in love.
5. Luis did not consider his poverty an obstacle and wanted to marry her.
6. Her father did not like it and said that she was only eighteen years old and still played with dolls.
7. Margarita was very angry and wept, and talked of entering a convent.
8. Don Raimundo was alarmed and wanted to marry her right away.
9. Don Honorato refused at first but later consented on one condition.
10. The newlyweds made the Aragonese uncle believe that the chemise was worth only one *duro*.

4 Carta a Dios

La casita° de Lencho estaba en el cerro.° Desde
allí se veía el río° y, junto al corral,° el campo de
maíz ya maduro y el frijol en flor.° Todo prometía
una buena cosecha.° Pero para ello se necesitaba
lluvia,° mucha lluvia, o, a lo menos,° un fuerte
aguacero.°

Desde temprano por la mañana° Lencho examinaba el cielo° hacia el noreste.°

—¡Ahora sí que lloverá!°

Su esposa, que estaba preparando la comida,°
asintió:°

—Lloverá si Dios quiere.

Los hijos más grandes de Lencho arrancaban la
mala hierba en los sembrados° mientras los más
pequeños jugaban° cerca de la casa.

La vieja° los llamó:

—¡A comer, ya!°

Durante la comida grandes gotas° de lluvia
comenzaron a caer.° Enormes nubes negras°
avanzaban hacia el noreste. El aire estaba cada vez
más fresco y dulce,° y Lencho observaba sus campos
con placer. Pero, de pronto, sopló° un viento°
fuerte y comenzó a granizar.°

—¡Ahora sí que se pone feo esto!°—exclamó
Lencho.

Sí que se puso° feo: durante una hora cayó° el

In his *Cuentos campesinos de México* (1940), the Mexican writer
Gregorio López y Fuentes (1895-1966) most perceptively revealed
the psychology of the long-suffering peasantry of his native land.

Gregorio López y Fuentes 4

casita [dim. of *casa*] little house, cabin, hut / *cerro* hill

río river / *junto al corral* close to the backyard

el campo . . . flor the field of corn already ripe and the beans in flower

buena cosecha bumper crop

lluvia rain / *a lo menos* at least

un fuerte aguacero a heavy shower

Desde . . . mañana From early morning

cielo sky / *hacia el noreste* toward the northeast

¡Ahora . . . lloverá! Now it will surely rain!

la comida the meal

asintió [preterite *asentir*] agreed

arrancaban . . . sembrados were weeding the cultivated fields

jugaban were playing

vieja the "old woman," i.e. the lady of the house, the wife and mother of the family

¡A comer [imperative], *ya!* Come to eat, right away!

gotas drops

caer to fall / *nubes negras* black clouds

cada vez . . . dulce increasingly cool and redolent

de pronto, sopló suddenly blew / *viento* wind

granizar to hail

¡Ahora . . . esto! Now it's surely getting ugly!

se puso [preterite *ponerse*] got / *cayó* [preterite *caer*] fell

---

His *Carta a Dios* expresses with tender pathos and humor the deep faith of one of these humble tillers of the soil as well as the peasant's distrust of townsfolk and, especially, government employees.

27

granizo° sobre la casa, sobre el maíz, sobre el frijol, sobre todo el valle.° El campo estaba blanco,° como cubierto de sal.° Los árboles, sin una sola hoja.° El frijol, sin flor. Lencho se iba angustiando cada vez más° y cuando la tempestad° pasó dijo con voz triste° a sus hijos:

—Esto fué peor que las langostas;° el granizo no ha dejado nada.° No tendremos ni maíz ni frijoles° este año.

La noche fué triste: noche de tristísimas lamentaciones.°

—¡Todo nuestro trabajo perdido!°

—¡Ya nadie nos podrá° ayudar!°

—¡Este año pasaremos hambre!°

Sólo guardaban una esperanza en el corazón° los habitantes del valle: la ayuda de Dios.

—Aunque el mal es muy grande, nadie se morirá de hambre: Dios nos ayudará.

—Dios es bueno; nadie se morirá de hambre.

Lencho pensaba en el futuro.° Aunque era un hombre rudo,° que trabajaba como una bestia,° él sabía escribir. Así es que decidió escribir una carta y llevarla él mismo al correo.°

Era nada menos que una carta a Dios:

"Dios, si no me ayudas, pasaré hambre con toda mi familia durante este año. Necesito° cien° pesos para volver a sembrar° y vivir mientras viene la cosecha, porque el granizo . . ."

Escribió "A DIOS" en el sobre.° Metió° la carta en el sobre. Fué al pueblo, a la oficina de correos,° compró un sello° y lo puso a la carta y la echó en el buzón.°

Un empleado° la recogió° más tarde, la abrió y la leyó,° y, riéndose,° se la mostró al jefe de co-

28

granizo   hail

valle m.   valley / *blanco*   white

como . . . sal   as if covered with salt / *árboles* m.pl.   trees

sin . . . hoja   without a single leaf

se iba . . . más   his anguish kept increasing / *tempestad* f.   storm

con voz triste   in a sad voice

peor que las langostas   worse than the locust

no ha dejado nada   has left nothing [behind]

No tendremos . . . frijoles   We'll have neither corn nor beans

tristísimas lamentaciones   very sad complaints

perdido   lost

podrá [future *poder*]   will be able / *ayudar*   to help

pasaremos hambre   we'll go hungry

Sólo . . . corazón   kept only one hope in their heart

pensaba . . . futuro   was thinking of the future

rudo   hardy, rough / *bestia*   beast [of burden]

correo   post office

Necesito   I need / *cien*   one hundred

para . . . sembrar   for sowing once more

sobre m.   envelope / *metió*   put in, inserted

oficina de correos   post office

sello   stamp

la echó . . . buzón   dropped it in the mail box

empleado   employee / *recogió*   picked up

leyó [preterite *leer*]   read / *riéndose* [present participle *reírse*]
laughing

29

rreos.° El jefe, gordo° y bondadoso,° también se rió
al leerla pero muy pronto se puso serio° y exclamó:

—¡La fe!° ¡Qué fe tan pura! Este hombre cree
de veras° y por eso le escribe a Dios.

Y para no desilusionar° a un hombre tan puro,
el jefe de correos decidió contestar la carta. Pero
primero reunió algún dinero:° dió parte de su
sueldo° y pidió° centavos y pesos a sus empleados
y a sus amigos.

Fué imposible reunir los cien pesos pedidos° por
Lencho. El jefe de correos le envió° sólo° un poco
más de la mitad.° Metió los billetes° en un sobre
dirigido° a Lencho y con ellos una carta que con-
sistía de una palabra: DIOS.

Una semana° más tarde Lencho entró en la
oficina de correos y preguntó si había carta para
él. Sí, había, pero Lencho no mostró la menor
sorpresa.° Tampoco se sorprendió° al ver los billetes, pues él tenía fe en Dios y los esperaba.
Pero al contar° el dinero se enfadó.° En seguida
se acercó a la ventanilla,° pidió papel y tinta,° y
se fué a una mesa a escribir:

"Dios, del dinero que te pedí sólo llegaron a mis
manos sesenta° pesos. Mándame el resto,° porque
lo necesito mucho, pero no me lo mandes por
correo porque todos los empleados de correo son
ladrones.° Tuyo,

LENCHO."

se la mostró . . . correos showed it to the postmaster / *gordo* fat /
  bondadoso kindhearted
se puso [preterite *ponerse*] *serio* became serious

¡La fe! Faith!

de veras really

desilusionar to disillusion

reunió algún dinero collected some money

sueldo salary / *pidió* [preterite *pedir*] asked for

pedidos requested

envió sent / *sólo* only

la mitad half / *billetes* bills

dirigido addressed

semana week

la menor sorpresa the least surprise / *se sorprendió* was surprised

al contar upon counting / *se enfadó* he became angry

ventanilla [office] window / *tinta* ink

sesenta sixty / *el resto* the remainder

ladrones crooks, robbers

31

EJERCICIO ORAL

1. ¿Dónde estaba la casita de Lencho?
2. ¿Qué se veía desde allí?
3. ¿Qué cultivaba Lencho en su campo?
4. ¿Qué se necesitaba para una buena cosecha?
5. ¿Qué hacían los hijos de Lencho?
6. ¿Para qué los llamó la vieja?
7. ¿Qué pasó durante la comida que alegró tanto a Lencho?
8. ¿Qué dicen los habitantes del valle después de granizar?
9. ¿Por qué era Lencho diferente a los habitantes del valle?
10. ¿Qué necesita Lencho de Dios?
11. ¿Qué dice el jefe de correos al leer la carta de Lencho?
12. ¿Cómo ayuda a Lencho?
13. ¿Por qué no le envía cien pesos?
14. ¿Cómo reacciona Lencho al recibir la carta de "Dios"?
15. ¿Qué le contesta Lencho a "Dios"?

EJERCICIO ESCRITO

1. Lencho's little house is on the hill.
2. Lencho wants rain, or, at least, a heavy shower.
3. The old woman was preparing dinner.
4. Lencho's big sons were pulling out weeds.
5. Lencho's small sons were playing near the house.
6. The old woman called them.
7. During dinner big drops of rain began to fall.
8. Later it began to hail.
9. Suddenly a strong wind blew.
10. The hailstones fell upon the corn.
11. The fields were white.
12. No one will help us.
13. We will go hungry.
14. Lencho knew how to write.
15. He decided to write a letter.
16. He decided to take it to the post office himself.
17. The postmaster answered Lencho's letter.
18. Upon counting the money, Lencho got angry.
19. Send me the rest of the money because I need it.
20. Do not send it to me by mail.

5 Las aceitunas

TORIBIO (*entrando*). ¡Dios mío, que tempestad!°
¡Que lluvia torrencial!° ¡Se viene el cielo abajo!°
Mujer, ¿dónde estás? Y tú, Mencigüela, ¿dónde
estás? ¿Qué haces? Parece que todos están durmiendo.° ¡Agueda, mujer!

MENCIGÜELA (*entra por la izquierda*°). Jesús,
padre, ¿por qué alborota tanto?° ¿Qué escándalo°
es ese?

TORIBIO. Preguntona,° díme° ¿dónde está tu
madre?

MENCIGÜELA. Fué a casa de la vecina a ayudarla°
con unas labores.°

TORIBIO. Tienes que ir a llamarla a toda prisa°
—¡en seguida!

AGUEDA (*entrando en aquel mismo momento*).
¿Ya estás de regreso?° Pero, Dios mío, tanto tiempo
fuera de casa° para volver con una carguita° de
leña° tan pequeña . . .

TORIBIO. "Carguita de leña" dice la gran dama.°
Te juro° que ni yo ni tu ahijado° juntos podíamos
levantarla° del suelo,° así es de° grande y pesada,°
y más° cuando está tan mojada.°

AGUEDA. El que está mojado eres tú.

TORIBIO. Vengo hecho una sopa.° Y tengo
muchísima hambre.° Mujer, ¿hay algo que cenar?°

With Lope de Rueda (1510-1565), the Sevillian goldsmith who
turned to the stage, first directing and acting, then writing skits, the
secular theater of Spain got off to a fine start. In *Las aceitunas*

34

Lope de Rueda 5

tempestad f.   storm

lluvia torrencial   torrential rain / *¡Se viene . . . abajo!*   The sky is dropping down!

durmiendo [present participle *dormir*]   sleeping

por la izquierda   from the left

¿por qué alborota tanto?   Why are you making so much noise? / *escándalo*   racket

preguntona   nosey, an inquisitive person / *dime* [*di*, imperative *decir*]   tell me

ayudarla   to help her

labores f.pl.   sewing, needlework

a toda prisa   right away [lit. in a great hurry]

¿Ya . . . regreso?   Are you back already?

fuera de casa   away from home / *carguita* [dim. of *carga*]   small load, little bundle

leña   fagots, firewood

la gran dama   the fine lady [sarcastically]

juro   I swear / *ahijado*   godson

levantarla   to lift it up / *suelo*   ground, floor / *así es de*   so / *pesada*   heavy

más   especially / *mojada*   wet

Vengo [present indicative *venir*] *. . . sopa*   drenched to the bone [lit. turned to soup]

hambre f.   hunger [*tengo hambre*   I am hungry] / *cenar*   to dine, to eat

[The Olives], his best-known play, he has given us a droll commentary on those people who count their chickens—before the eggs are hatched!

AGUEDA. ¿Cenar, dices? ¿No sabes, tonto,° que no hay nada que cocinar° en esta casa?

MENCIGÜELA. Jesús,° padre, ¡qué mojada viene° la leña!

TORIBIO. Pues ¿cómo no lo ha de estar? Llueve desde anoche.°

AGUEDA. Mencigüela, has de preparar unos huevos a tu padre° y hacerle luego la cama.° Y tú, marido, ¿nunca te acuerdas° de plantar° aquel renuevo de aceitunas?°

TORIBIO. Pues por eso mismo llegué° tan tarde:° lo planté, como me rogaste.°

AGUEDA. Y ¿dónde lo plantaste?

TORIBIO. Junto a la higuera° adonde, si te acuerdas,° te dí el primer beso° . . .

MENCIGÜELA. Ya están los huevos, padre. ¡A cenar, pues!

AGUEDA. Mira, Toribio, ¿sabes lo que pienso?° Que aquel renuevo de aceitunas que plantaste hoy ha de darnos, dentro de seis o siete años, cuatro o cinco fanegas° de aceitunas y si más tarde seguimos poniendo otros renuevos por aquí y más allá, al cabo de veinte y cinco o treinta años° vamos a tener un olivar° grandísimo.

TORIBIO. Esa es la verdad, mujer: llegará a ser verdaderamente grande nuestro olivar.

AGUEDA. Al tiempo de la cosecha° yo cojo° las aceitunas y tú te las llevas al pueblo y Mencigüela las vende en el mercado.° Pero, ¡cuidado,° Mencigüela! no venderlas por menos de treinta reales° la fanega.

TORIBIO. ¿Qué dices, mujer? Si la muchacha trata de vender tan caro° la meten en la cárcel.° Basta° pedir veinte reales la fanega.

AGUEDA. Tú sí que estás loco:° mejor regalar°

36

tonto fool

cocinar to cook

Jesús [exclamation of surprise, equivalent to "Mercy!" or "Good gracious!"] / *viene* [present indicative *venir*] is [lit. comes]

Llueve [present indicative *llover*] . . . *anoche* It has been raining since last night

has . . . padre cook your father some eggs / *hacerle . . . cama* then make his bed
te acuerdas [present indicative *acordarse*] remember / *plantar* to plant
renuevo de aceitunas olive shoot

llegué [preterite *llegar*] arrived, i.e. got home / *tan tarde* so late

como me rogaste as you begged me [to do]

junto a la higuera close to the fig tree

si te acuerdas if you remember / *beso* kiss

pienso [present indicative *pensar*] I'm thinking

dentro . . . fanegas in six or seven years four or five bushels

al cabo de . . . años in another [lit. at the end of] twenty-five or thirty years
olivar olive grove

Al tiempo . . . cosecha At harvest time / *cojo* [present indicative *coger*] I pick

mercado market / *¡cuidado!* careful!

real pl. *reales* monetary unit of Spain

tan caro at such a high price / *la meten . . . cárcel* she'll be thrown in jail / *Basta* It's enough

Tú sí . . . loco You're the one who's really mad / *mejor regalar* better to give away [for nothing]

37

las aceitunas que venderlas a tal precio. Aceitunas como ésas, las mejores de toda la provincia, hay que venderlas por no menos de treinta reales.

TORIBIO. No puedes pedir tanto, mujer, aunque sé lo hermosas que son nuestras aceitunas.°

AGUEDA. Mencigüela, te lo prohibo:° mis aceitunas no se venden por menos de treinta reales.

TORIBIO. ¿Cómo° a treinta reales? Mencigüela, ¿cuánto° vas a pedir por las aceitunas?

MENCIGÜELA. Lo que usted dice, padre.

TORIBIO. A veinte reales, te digo.

MENCIGÜELA. Pido° veinte reales, pues.

AGUEDA. ¿Cómo a veinte reales, tonta? Mencigüela, ¿cuánto vas a pedir?

MENCIGÜELA. Lo que usted dice, madre.

AGUEDA. A treinta reales digo.

MENCIGÜELA. Pido treinta reales pues.

TORIBIO. ¿Cómo a treinta reales? Si no pides lo que te digo, te voy a dar doscientos azotes.° ¡Ya vas a ver!° Asi es que, ¿cuánto vas a pedir?

MENCIGÜELA. Lo que usted dice, padre.

TORIBIO. Veinte reales te digo.

MENCIGÜELA. Veinte reales pido.

AGUEDA. ¿Cómo a veinte reales, idiota?° Decir, ¿cuánto vas a pedir?

MENCIGÜELA. Lo que usted dice, madre.

AGUEDA. Treinta reales digo.

TORIBIO. ¿Treinta reales dices? ¡Verdad que eres tonta? Te aseguro, Mencigüela, que si no pides veinte reales, te vas a llevar doscientos fuertes azotes: así es que ¿cuánto vas a pedir, Mencigüela?

MENCIGÜELA. Lo que usted me dice, padre.

TORIBIO. Te repito,° veinte reales.

MENCIGÜELA. Así es,° padre.

AGUEDA. ¿Cómo "así es"? (*Golpeando° a Men-*

aunque sé . . . aceitunas   although I do realize how fine our olives are
te lo prohibo   I forbid you

¿Cómo?   question of surprise, equivalent to "What do you mean?"
¿cuánto?   how much?

pido [present indicative *pedir*, future implied]   I'll ask

doscientos azotes m.pl.   two hundred lashes
¡Ya vas a ver!   You'll see! [as a threat]

idiota m. and f.   idiot

repito [present indicative *repetir*]   I repeat
Así es   So be it
Golpeando   Striking

39

cigüela). ¡Toma, este "así es" y éste! A ver si así aprendes a hacer lo que te digo.°

MENCIGÜELA. ¡Ay,° padre! ¡Mamá me está matando!°

ALOXA (*entrando muy asustado*°). ¿Qué es esto, vecinos? ¿Por qué golpean° a esta pobre muchacha?

AGUEDA. Ay,° señor, este mal marido mío quiere regalar las cosas y echar a perder° nuestra casa ¡unas aceitunas que son como nueces!°

TORIBIO. Juro por mi padre y por mi abuelo° que las aceitunas esas no son más grandes que las cerezas° de nuestro vecino.

AGUEDA. ¡Sí que lo son!

TORIBIO. ¡Que no lo son!

ALOXA. Dejármelas ver;° ¿dónde están? ¿Cuántas fanegas tienen? Prometo comprarlas todas.

TORIBIO. No se puede, señor, las aceitunas no están aquí sino en la heredad.°

ALOXA. Pues vamos a la heredad; prometo comprarlas todas a un precio justo.°

MENCIGÜELA. Treinta reales quiere mi madre por fanega.

ALOXA. Me parecen caras.°

TORIBIO. ¿Verdad que son caras?

MENCIGÜELA. Mi padre quiere sólo veinte reales por fanega.

ALOXA. Pues vamos a ver esas aceitunas.

TORIBIO. Usted no comprende,° amigo. Fué hoy° que planté un renuevo de aceitunas y mi mujer dice que de aquí a seis o siete años vamos a cosechar cuatro o cinco fanegas. Dice que entonces ella las recoge y yo las llevo al pueblo y Mencigüela las vende en el mercado. Mi mujer las quiere vender a treinta reales la fanega, pero yo creo que a veinte reales la fanega es un buen precio. Y este es el origen° de nuestra disputa.°

40

A ver ... digo   That will teach you to do what I tell you

¡Ay!   Ouch!
me está matando   is killing me
asustado   frightened
golpean   strike
ay   alas
echar a perder   to ruin
nueces [f.pl. *nuez*]   walnuts [lit. nuts]
abuelo   grandfather

cerezas   cherries

Dejármelas ver   Show them to me [lit. Allow me to see them]

heredad f.   farm, fields

un precio justo   a fair price

caras   expensive

comprende   understand / *hoy*   today

origen m.   origin / *disputa*   squabble

41

ALOXA. Así es que aunque sólo ahora acaban de plantar el renuevo ya castigan° a la muchacha por el precio que debe cobrar° de aquí a siete años . . .

MENCIGÜELA. ¿Qué le parece señor?°

TORIBIO. La muchacha es muy buena, vecino, y prometo comprarle un vestido° con mis primeras aceitunas.

ALOXA. Pues bien, quedar así en paz° con ella y con doña Agueda, y a Dios les encomiendo.°

TORIBIO. Adiós, vecino.

EJERCICIO ORAL

1. Cuando Toribio llega a su casa ¿cómo está el día?
2. ¿Dónde estaba Agueda y que hacía?
3. ¿Trajo mucha leña Toribio?
4. ¿Tenía hambre Toribio? ¿Qué le va a preparar Mencigüela?
5. ¿Dónde plantó Toribio el renuevo, y qué ocurrió allí una vez?
6. ¿En seis o siete años han de cosechar cuantas fanegas de aceitunas?
7. ¿A qué precio quiere venderlas Agueda?
8. ¿Está de acuerdo Toribio?
9. Durante la discusión ¿de parte de quién está Mencigüela?
10. ¿Quién entra al fin y qué promete?
11. ¿Qué opinión tiene Toribio de su hija y qué promete comprarle?

castigan punish

cobrar to charge

¿Qué le parece señor? What do you think of that, sir?

vestido dress

paz f. peace
a Dios les encomiendo [present indicative *encomendar*] Good-bye
[lit. I commend you to God, later shortened to *Adiós*]

EJERCICIO ESCRITO

1. It rained very hard and Toribio is drenched to the bone.
2. He was planting the olive shoot this afternoon and this is why he arrived so late.
3. He planted it near the fig tree where he kissed her for the first time.
4. In six or seven years the olive shoot will give us four or five bushels of olives.
5. The wife wants thirty reales per bushel; the husband says twenty reales is enough.
6. Agueda strikes her daughter.
7. A neighbor comes in, very frightened.
8. Later he wants to see the olives in order to buy them.
9. Toribio says that his friend does not understand.
10. Toribio promises to buy his daughter a new dress.

43

6 El buen ejemplo

En la parte sur° de la República Mexicana, y en las
faldas de la Sierra Madre, cerca del Pacífico,° hay
una aldea° que es como todas las otras de aquella
región: casitas blancas cubiertas de tejas rojas o
de hojas de palmera,° que se refugian° de los ardi-
entes° rayos del sol tropical a la fresca sombra de
cocoteros y árboles gigantescos.°

En esta aldea había una escuela, y debe haberla
todavía;° pero entonces la gobernaba° don Lucas
Forcida, magnífica persona muy querida° por todos
los vecinos. Jamás faltaba al cumplimiento de las
pesadas obligaciones° que hacen de los maestros
de escuela verdaderos mártires.°

En esa escuela, siguiendo° tradicionales cos-
tumbres° y uso° general en aquellos tiempos, el
estudio de los muchachos era una especie de
orfeón° de desesperante° monotonía: los chicos
estudiaban en coro° cantando lo mismo las letras
y las sílabas que la doctrina cristiana o la tabla de
multiplicar.° Había veces que los chicos, entusias-
mados, gritaban a cual más y mejor.° Don Lucas
soportaba° con heroica resignación aquella ópera
diaria.°

A las cuatro, cuando los chicos salían de la
escuela, tirando piedras y dando gritos,° don Lucas
se consideraba un hombre libre:° sacaba a la acera

A Mexican general, Vicente Riva Palacio (1832-1896), whose
name became known during the French occupation of Mexico at
the time of the Emperor Maximilian, is the author of this delight-

Vicente Riva Palacio

parte sur   southern part

faldas . . . Pacífico   slopes of the Sierra Madre, near the Pacific [Ocean]

aldea   village

cubiertas . . . palmera   red-tiled or thatched with palm leaves [lit. covered with red roof-tiles or with palm leaves] / *se refugian* find refuge, take shelter

ardientes   hot

a la fresca . . . gigantescos   in the cool shade of coconut palm trees and gigantic trees

había . . . todavía   there was a school, and it must be still there / *entonces la gobernaba*   at that time it was administered by

muy querida   well loved

al cumplimiento . . . obligaciones   in the fulfillment of the heavy duties

verdaderos mártires   veritable martyrs

siguiendo [present participle *seguir*]   following

costumbres f.pl.   custom / *uso*   practice

una especie de orfeón   a kind of glee club / *desesperante*   maddening

en coro   in chorus

lo mismo . . . multiplicar   spelling [lit. letters and syllables] as well as the catechism and the multiplication table

a cual más y mejor   to beat the band [lit. to see who could do it the loudest and the best]

soportaba   withstood, endured

ópera diaria   daily opera

tirando . . . gritos   throwing stones and shouting

libre   free

---

ful tale originally published in 1882. This and other stories equally charming and fanciful were collected and published in Madrid the year of his death under the title *Cuentos del general.*

una silla° y su criado le traía una taza° de chocolate y una gran torta.° El fresco vientecillo del bosque soplaba sobre su calva° mientras él compartía° su modesta merienda° con su mejor amigo: su loro.°

Porque don Lucas tenía un loro que era su debilidad,° y que estaba siempre en una percha° a la puerta de la escuela, a respetable altura° para escapar de los muchachos,° y al abrigo del sol° por un pequeño cobertizo de hojas de palma.° Aquel loro y don Lucas se entendían° perfectamente. Raras veces° mezclaba° el loro las palabras que don Lucas le había enseñado° con los cantos de los chicos.°

Así pues, cuando la escuela quedaba desierta° y don Lucas salía a tomar su chocolate,° aquellos dos amigos daban expansión libre a sus afectos.° El loro recorría la percha de arriba abajo,° diciendo cuanto sabía° y cuanto no sabía; restregaba° con satisfacción su pico° en ella, y se colgaba de las patas, cabeza abajo,° para recibir algunas migas de la torta de su dueño.°

Esta bella escena ocurría todas las tardes, sin falta.°

Transcurrieron así varios años,° y naturalmente don Lucas llegó a tener tal confianza en su querido "Perico" (como llamaban los muchachos al loro) que ni le cortaba las alas ni le ponía calza.°

Sin embargo, una mañana—serían como las diez —uno de los chicos, que estaba fuera de la escuela,° gritó: "¡Señor maestro,° Perico se vuela!"° Al oír esto, maestro y discípulos° se lanzaron° a la puerta. En efecto, a lo lejos° se veía al ingrato° Perico esforzándose por llegar al cercano bosque.°

46

sacaba . . . silla he would bring out a chair to the sidewalk / *taza* cup

una gran torta a big cake

El fresco . . . calva The cool breeze from the forest blew on his bald head

compartía shared / *modesta merienda* frugal repast

loro parrot

debilidad f. weakness / *en una percha* on a perch

a respetable altura high enough [lit. at a considerable height]

para escapar . . . muchachos to escape the boys' reach / *al abrigo del sol* sheltered from the sun

pequeño . . . palma small cover [lit. shed] of palm leaves

se entendían understood each other

raras veces seldom / *mezclaba* mixed up

le había enseñado had taught him

cantos . . . chicos children's singsong

quedaba desierta remained deserted

salía . . . chocolate m. went out to take his chocolate

daban . . . afectos gave free expression to their affection

recorría . . . abajo went up and down the perch

cuanto sabía all [lit. as much as] he knew / *restregaba* he would rub

pico beak

se . . . abajo he hung from his legs, upside down

migas . . . dueño crumbs from his master's cake

sin falta without fail

Transcurrieron . . . años Several years elapsed thus

ni . . . calza he neither clipped his wings nor fettered him

fuera de la escuela outside the school house

¡Señor maestro! Teacher! / *se vuela* [present indicative *volarse*] he is flying away

discípulos pupils / *se lanzaron* rushed

En . . . lejos Indeed, far away / *ingrato* ungrateful

esforzándose . . . bosque exerting himself to reach the nearby forest

Como toda persecución° era imposible—pues ¿cómo distinguir a Perico entre la multitud de loros que pueblan° aquel bosque?—don Lucas, lanzando un profundo suspiro,° volvió a sentarse, y las tareas escolares° continuaron. Todos parecían haber olvidado el terrible acontecimiento.°

Transcurrieron varios meses, y don Lucas, que había ya olvidado la ingratitud de Perico,° tuvo que hacer un viaje° a una de las aldeas vecinas. En aquella región, como en casi todas las regiones de México, la palabra "vecino" o "cercano" quiere decir a veinte o treinta millas de distancia, así es que para llegar a su destino don Lucas necesitó cabalgar la mayor parte del día.°

Ya eran las dos de la tarde; el sol derramaba° torrentes de fuego; ni la brisa más ligera mecía las palmas.° Los pájaros se escondían entre el follaje,° y sólo las cigarras° cantaban imperturbablemente en medio de aquel terrible silencio.

El caballo de don Lucas avanzaba lentamente, haciendo sonar sus herraduras° acompasadamente.° De repente° don Lucas creyó oír a lo lejos el canto de los niños de la escuela—los niños cantando sílabas, palabras o la doctrina cristiana.

Al principio° aquello le pareció una alucinación° producida por el calor, pero, a medida que° avanzaba, aquellos cantos iban siendo° más y más claros: aquello era una escuela en medio del bosque desierto.

Se detuvo asombrado y algo temeroso° al ver una bandada° de loros que volaba de los árboles cercanos cantando acompasadamente *ba, be, bi, bo, bu; la, le, li, lo, lu;* y tras° la bandada, volando majestuosamente, "Perico" que, al pasar cerca del maestro, volvió la cabeza y le dijo alegremente:

48

persecución f.   pursuit

pueblan [present indicative *poblar*]   populate
lanzando . . . suspiro   heaving a deep sigh
tareas escolares   school work
acontecimiento   event

que . . . Perico   who had already forgotten Perico's ingratitude
hacer . . . viaje   to take a trip

así es . . . día   so that to reach his destination Don Lucas had to ride
   most of the day
derramaba   was pouring

ni la brisa . . . palmas   not the slightest breeze swung the palm trees /
   Los pájaros . . . follaje m.   The birds hid among the foliage
cigarras   cicadas

herraduras   horseshoes
acompasadamente   rhythmically / *De repente* . Suddenly

Al principio   At first / *alucinación* f.   hallucination
a medida que   as
iban siendo   became [lit. were becoming]

Se detuvo . . . temeroso   He stopped astonished and somewhat frightened
bandada   flock

tras   behind

—Don Lucas, ya tengo escuela.

Desde entonces los loros de aquella región, adelantándose a su siglo,° han visto disiparse las sombras del obscurantismo y la ignorancia.°

EJERCICIO ORAL

1. ¿Dónde enseñaba don Lucas?
2. ¿Era un buen maestro?
3. ¿A qué hora terminaban las clases?
4. ¿Qué hacía después de clase?
5. ¿Con quién compartía su merienda?
6. ¿Por qué no cortó don Lucas las alas de Perico?
7. ¿Qué gritó uno de los chicos una mañana?
8. ¿Por qué era imposible recobrar a Perico?
9. ¿Por qué se fué de viaje don Lucas?
10. ¿Adónde fué?
11. ¿Qué oyó don Lucas por el camino, y qué le dijo Perico?
12. ¿Cómo influyó Perico en la vida de la región?

adelantándose a su siglo	ahead of their century
han visto . . . ignorancia	have seen the shadows of obscurantism and ignorance disperse

EJERCICIO ESCRITO

1. Don Lucas used to live in a village in the southern part of Mexico.
2. Don Lucas directed the school and he was well-loved by his neighbors.
3. The children used to sing all their lessons: it was like a daily opera.
4. At four p.m. the children would rush out of school.
5. Don Lucas' best friend was his parrot, called Perico by the children.
6. Don Lucas gave some of his cake to his parrot.
7. This happened every afternoon.
8. One day Perico flew away and could not be found.
9. Don Lucas took a trip to one of the neighboring towns, some thirty miles away.
10. While riding on horseback near the woods, Don Lucas heard the singsong of schoolchildren: they were the pupils of Perico, who had become a teacher.

7 Por qué muchas personas no figuran en el censo

La casita está situada en las afueras° del pueblo. Está cercada de alambre,° del cual cuelgan campanillas azules.° Detrás del cerco° ladra° un perro° chico que se considera grande. Detrás del perro aparece una señora algo vieja° que se considera joven, arreglándose el pelo.°

—Buenas tardes, señora. Vengo de la Oficina del Censo.°

—¿Del Censo? ¡Qué sorpresa más agradable! ¡Adelante,° joven, adelante! ¡Cuánto van a sentir° las chicas no estar en casa! Son tan aficionadas°. . .

—¿A los censos, señora?

—En general, caballero, a las visitas cultas.°

—Muchas gracias, señora. ¿Llenaron la planilla?°

—¿Qué planilla? Ah sí, el documento . . . Estaba confundida° pues todos los días reparten° tantas hojas sueltas,° tanta basura,° anunciando píldoras° y Dios sabe qué más . . . No alcanza el tiempo para leer tantos anuncios° ¿no es cierto?

—De acuerdo,° señora, el tiempo vuela.° ¿Quiere tener la bondad de devolverme la planilla?°

Conrado Nalé Roxlo (b. 1898) is most responsible for the appearance of a poetic theater in his native Buenos Aires. His plays have won him several national prizes and become known both in Europe and the United States. His short stories, written under the pseudonym "Chamico," are equally cherished by his Spanish-American

Conrado Nalé Roxlo 7

afueras outskirts

cercade de alambre fenced in with wire

cuelgan [present indicative *colgar*] *campanillas azules* hang blue
morning glories / *cerco* fence / *ladra* barks / *perro* dog

algo vieja somewhat old

arreglándose el pelo fixing her hair

Oficina del Censo Census Bureau

¡*Adelante!* Come in! / *sentir* regret

aficionadas fond

cultas refined

¿*Llenaron la planilla?* Did you fill out the blank?

Estaba confundida I was mixed up, confused / *reparten* hand out
hojas sueltas leaflets / *basura* trash, garbage / *anunciando píldoras*
advertising pills

No alcanza . . . anuncios There's no time to read so many ads

De acuerdo I agree / *vuela* [present indicative *volar*] flies

¿*Quiere . . . planilla?* Will you kindly return the blank to me?

---

readers. One of these, "Por qué muchas personas no figuran en el
censo" [Why many people do not figure in the census], brilliantly
illustrates Nalé Roxlo's uncanny way of reproducing the human
voice. Here a garrulous woman drives a census-taker to distrac-
tion. . . .

—¡Qué compromiso!° Pero usted sabrá disimular.° Resulta que° cuando estábamos por° llenarla, mi sobrino,° el hijo de mi hermana viuda,° que es el propio Satanás,° volcó el tintero que nos había prestado el turco,° el dueño de la tienda de la esquina,° ¡Qué contratiempo!°

—Eso no es nada, señora, aquí tiene otra planilla y mi estilográfica.° ¿Quién es aquí el jefe° de la familia?

—Mi esposo.°

—¿Cómo se llama su esposo?

—Cómo se llamaba, joven, cómo se llamaba, porque ya es finado.° Estaba tan sano° como usted y como yo, pero el médico se equivocó,° y cuando llamamos al curandero,° ya era demasiado tarde. El curandero ató° una gallina° blanca a la pierna izquierda° para pasar el mal al ave,° pero ya era demasiado tarde: la gallina puso un huevo° y mi esposo dejó de respirar.°

—Lo lamento,° señora. Pero ¿quién es ahora el jefe de la familia?

—Siempre lo sigue siendo el finadito,° porque yo hice una promesa de no desobedecerlo jamás, ya que él se molestaba tanto en vida cuando no le hacíamos caso.° Me acuerdo cómo se enojó° en el carnaval de 1898 porque me disfracé de bailarina° . . . Bueno, hay que tener en cuenta que siempre fué muy celoso,° sin motivo, naturalmente.

—Con el permiso, señora, ¿quiénes viven ahora en la casa?

—Nosotras: ¿quiénes van a vivir?° Hasta el año pasado teníamos un italiano, único inquilino,° pero usted sabe cómo son los italianos. Nelida, la mayor° de mis niñas, que ahora estudia costura,° lo puso en su lugar,° y yo le dije: "Muy bien

¡Qué compromiso! What embarrassment!

sabrá [future *saber*] *disimular* you'll know how to overlook it /
   Resulta que It so happens that / *estábamos por* were about to

sobrino nephew / *hermana viuda* widowed sister

el propio Satanás the devil [lit. Satan] in person

volcó . . . turco upset the inkstand which the Turk had lent to us
   [Turk is indifferently applied to Syrians, Armenians, etc. who are
   generally shopkeepers, peddlers, etc.]
tienda de la esquina the store on the corner / *¡Que contratiempo!*
   What a misfortune!

estilográfica fountain pen / *jefe* m. head

esposo husband

ya es finado he is deceased now / *sano* healthy

se equivocó made a mistake

curandero medicine man

ató tied / *gallina* hen

pierna izquierda left leg / *para . . . ave* so that the illness would
   go to the fowl

puso [preterite *poner*] *un huevo* laid an egg

dejó de respirar stopped breathing

Lo lamento I am sorry [to hear it]

lo sigue [present indicative *seguir*] *siendo el finadito* the dear deceased continues to be it

ya . . . caso since he used to become so angry when we paid no
   attention to him while he was living / *Me acuerdo* [present indicative *accordarse*] *cómo se enojó* I recall how angry he got
me disfracé de bailarina I masqueraded as a ballerina

celoso jealous

¿quiénes van a vivir? who else do you suppose is living here?

único inquilino the only lodger

la mayor the oldest / *costura* dressmaking

lo puso en su lugar put him in his place

55

hecho, nena, porque a mí no me gustan los juegos de manos."° Pero usted se debe estar aburriendo.° Voy a poner la radio.°

—¡No, por Dios, señora! Decirme, por favor ¿quiénes viven ahora en la casa?

—Desde que se fué el italiano, nosotras solas. En un tiempo vivió aquí mi compadre,° pero en este barrio° hay gente muy murmuradora,° y como la menor° de mis chicas, Adelita, se le parece tanto°. . .

—¿Así que vive usted aquí con sus hijas?

—Temporariamente,° caballero, temporariamente, porque esta casa está demasiado lejos del centro del pueblo.° Yo les digo siempre a las muchachas que debíamos mudarnos a un departamento con calefacción y agua caliente,° en mitad del pueblo.° ¿No le parece que estaríamos mejor entonces?

—Todo depende, señora . . .

—Claro, usted dice "todo depende" por no contrariar° a Noemi, que como tiene su novio° en el horno,° no se quiere ir del barrio.

—¿Tiene a su novio en el horno? ¿Y no se quemará?°

—Es un decir:° trabaja en un horno para cocer ladrillos;° buen muchacho, pero sin porvenir.°

—Señora, por favor, responder a mis preguntas en forma más concreta.

—Me parece que no le oculto nada° a usted; le estoy hablando como a un miembro de la familia.

—Pues bien, ¿cómo se llama usted?

—Casilda Ortigosa de Salvatierra. Salvatierra viene de mi esposo, el finado, que se llamaba Bartolomé Salvatierra. Fué cochero° del general Mitre,° que le decía tocayo.° ¡Era tan amistoso° el general Mitre! ¿Usted lo conoció?

juegos de manos monkey business [here in the sense of petting, fondling] / *se debe . . . aburriendo* you must be getting bored

poner la radio to turn on the radio

mi compadre a pal of mine

barrio neighborhood / *murmuradora* gossipy

la menor the youngest

se le parece tanto resembles him so much

temporariamente for the time being

lejos . . . pueblo far from the heart of town

mudarnos . . . caliente to move to an apartment with heat and hot water

en mitad del pueblo in the center of town

contrariar to antagonize / *novio* boy friend

horno oven

¿no se quemará? won't he burn?

Es un decir It's just a way of talking

para cocer ladrillos for baking bricks / *sin porvenir* without a future

no . . . nada I'm not hiding anything

cochero coachman

Mitre Bartolomé Mitre (1821-1906), Argentine general who became President in 1862; also known as a brilliant journalist, poet and historian / *tocayo* namesake / *amistoso* friendly

—No, señora, considerando lo joven que soy . . .

—Naturalmente, ¡sí usted es un niño! Soltero,° ¿no?

—No, señora, casado.°

—¡Usted bromea!° ¿Cómo va a ser casado con esa cara tan alegre° y tan bien vestido? Supongo que no tendrá hijos.

—Tengo tres.

—¿Mellizos?°

—No, señora, uno por vez.°

—¿Usted vió las mellizas Dionne° en el cine?° A nosotras nos gusta mucho el cine: es un espectáculo altamente° moral para familias. Los picnics también son entretenidos.° Y usted, ¿cuánto gana,° si no es indiscreción?

—Señora, él que tiene que hacer el censo soy yo.

—Disculpe,° joven, si lo he ofendido, pero como usted hace tantas preguntas creí que yo también podía hacer una o dos.

—No me ofendo, señora, pero a ese paso no vamos a termina nunca.°

—Comprendo; usted tendrá apuro° por llegar a su casa a ver a sus hijos y a su esposa, o a alguna otra hembra,° pues usted tiene cara de ser muy pícaro.° Pero usted peca:° los esposos nunca deben dar mal ejemplo.° Eso le decía yo siempre a mi finado, pero él no me hacía caso y seguía con sus galanteos,° hasta que le pasó lo del maíz . . .°

—Naturalmente,° señora. ¿Edad?°

—La muchacha tendría° unos veinte años, aunque° ella decía tener diez y ocho. Era en realidad una chiruza.°

—¿De qué muchacha está hablando?

—De la del maíz, naturalmente. Porque a mí no

58

Soltero bachelor

casado married

¡*Usted bromea!* You're kidding me!

con . . . alegre with such a cheerful face

mellizos born with one or more other children at the same time; here
it means triplets

uno por vez one at a time

mellizas Dionne Dionne quintuplets / *cine* m. movies

altamente highly

entretenidos entertaining / *gana* you earn

Disculpe Excuse [me]

a ese paso . . . nunca at this rate we are never going to finish

tendrá apuro must be in a hurry

hembra female

cara . . . pícaro you look as if you might be a great rascal / *peca
sin*

nunca . . . ejemplo should never set a bad example

galanteos flirtations / *hasta . . . maíz* until he got mixed up in the
corn affair

Naturalmente Of course / ¿*Edad?* Age?

tendría [conditional *tener*] must have been

aunque although

chiruza a tart, a streetwalker

59

me gusta hablar por hablar.° Sin duda° lo del maíz
fué una exageración por parte del padre de la
muchacha. ¡Cómo se rió° el general Mitre cuando
se lo contaron!°

—¿Terminará de una vez,° señora?

—Se lo cuento en dos palabras. Parece que mi
marido estaba enamorando° a la hija del dueño°
de una cochería;° dicho señor se entera° y una
noche cuando mi marido, que era casado, fué a
dejar el coche del general, lo esperó con una horquilla,° y atándolo a un pesebre,° no lo dejó salir
hasta que se comió dos libras° de maíz.

—¡Qué barbaridad!°

—Menos mal que era maíz pisado.°

—Menos mal. Y ahora, ¿me quiere decir su
edad?

—¡Claro que sí! ¿Cuántos años cree que tengo?

—Señora, no soy adivino.°

—¿Cuántos años cree usted? Porque todos dicen
que estoy muy conservada° y no represento mi
edad.

—¿No puedo más,° señora! Decirme, sin más
comentarios,° el día, el mes y el año en que nació
para mi desdicha.°

—Nací el día de Santa Casilda, por eso me
dieron el nombre de Casilda, aunque mamá quería
llamarme Dosia, como la heroína de una novela
que estaba leyendo.° Papá, que era masón,° prefería Luz de Oriente.° A propósito,° ¿es usted
masón?

—No, señora, lo que soy es un pobre diablo°
que tiene que ganarse la vida.° Pero ahora mismo
voy a presentar mi renuncia,° aunque sé° muy bien

hablar por hablar   to talk just for talk's sake / *sin duda*   no doubt

se rió [preterite *reírse*]   laughed
cuando . . . contaron   when they told it to him
de una vez   once and for all

estaba enamorando   was making love to / *dueño*   owner
cochería   carriage house / *se entera*   finds out

horquilla   pitch fork / *atándolo . . . pesebre*   tying him up to a
   manger
libras   pounds
¡Qué barbaridad!   How awful!
Menos . . . pisado   It's a good thing it was ground corn

adivino   fortune teller

muy conservada   very well preserved

¡No puedo más!   I can't bear it any longer!
comentarios   remarks
en que . . . desdicha   in which, to my sorrow, you were born

la heroína . . . leyendo   the heroine of a novel she was reading /
   masón   Mason
Luz de Oriente   Eastern Light, name of a Masonic Lodge / *A
   propósito*   By the way

un pobre diablo   a poor devil

ganarse la vida   earn his living
presentar mi renuncia   present my resignation / *sé* [present indicative
   saber]   I know

61

que mi mujer y mis hijos tendrán que comer maíz pisado el resto de su vida.

Y echó a correr,° seguido por el perro y la voz de doña Casilda que gritaba:

—¡Qué mosca le habrá picado!°

EJERCICIO ORAL

1. ¿Dónde vive y cómo es doña Casilda?
2. ¿Quién viene a visitarla?
3. ¿Cómo le recibe ella?
4. ¿Qué pasó con la planilla de la Oficina del Censo?
5. ¿A qué se debió la muerte del marido de doña Casilda?
6. ¿Quienes viven ahora con ella?
7. ¿Cómo se gana la vida el novio de Noemi?
8. Describir, en pocas palabras, lo del maíz.
9. ¿Qué otros nombres pensaron dar a Casilda sus padres, y por qué?
10. ¿Por qué echó a correr, finalmente, el joven del Censo?

echó a correr   he dashed off

¡Qué mosca ... picado!   I wonder what bee [lit. fly] has stung him!

EJERCICIO ESCRITO

1. Casilda lives in a hut on the outskirts of the town.
2. Her hut has a wire fence.
3. She did not fill out the blank.
4. Here is my fountain pen and a new blank.
5. One must bear in mind that my husband was very jealous.
6. We ought to have an apartment in midtown, with heat and hot water.
7. When I came out of the movies I hurried home.
8. He paid no attention to her.
9. By the way, when were you born?
10. The young man from the Census resigned because Doña Casilda talked too much.

8 El primer milagro

En Belén: Año primero de la era cristiana°

La tarde va declinando.° Los últimos destellos° de sol se filtran° por la angosta° ventana del sótano.° Todo está en silencio. El anciano° cuenta° las monedas° que están sobre la mesa. Tiene una barba larga y ojos hundidos.°

El tiempo va pasando. Ya sólo entra en el sótano una claridad° muy débil.° El anciano pone las monedas en una recia y sólida arca,° cierra° la puerta, y sube lentamente° por la angosta escalera.°

El anciano camina° por uno de los corredores° de su casa. Ve abierta° una puerta, una puerta que debería estar siempre cerrada.° Esto le enoja° y por eso grita° a un criado.° El criado tiembla° y da excusas. El anciano de la barba larga sigue caminando, pero de pronto se vuelve a detener:° ¡ve sobre un mueble° migas de pan!° No puede creer° lo que ven sus ojos. Lograrán arruinarme,° piensa° el anciano, lograrán destruir mi hacienda.° Alguien se come mi pan y deja caer las migas sobre mis muebles. Ahora su cólera° es terrible y grita a toda voz.° Su mujer, sus hijos, sus criados, todos le rodean suspensos y trémulos.°

Llega la hora de cenar.° Todos tienen ahora que darle cuenta° de los trabajos del día. Los peones°

"Azorín" is the pseudonym of the veteran Spanish writer José Martínez Ruiz (1873-1967) who wrote numerous plays, novels, essays, and short stories. As "El primer milagro" [The First Miracle] so brilliantly shows, he was endowed with a light touch, suggestive,

Azorín §

En ... Cristiana In Bethlehem: Year I of the Christian Era

va declinando is falling / *destellos* flashes

se filtran filter / *angosta* narrow / *sótano* cellar

anciano old man / *cuenta* [present indicative *contar*] counts

monedas coins

hundidos sunken

claridad f. light / *débil* pale [lit. weak]

recia ... arca rough, solid chest / *cierra* [present indicative *cerrar*] locks

sube lentamente climbs slowly / *escalera* stairway

camina walks / *corredores* hallways

abierta open

cerrada locked / *le enoja* annoys him

grita shouts / *criado* servant / *tiembla* [present indicative *temblar*] trembles

detener to stop

mueble piece of furniture / *migas de pan* bread crumbs / *No ... creer* He can't believe

Lograrán arruinarme They will manage to ruin me / *piensa* [present indicative *pensar*] thinks

destruir mi hacienda destroy my property

cólera anger

a toda voz very loudly

todos ... trémulos all of them gather round him perplexed and frightened

hora de cenar supper time

cuenta account / *peones* m.pl. farmhands

---

impressionistic. The birth of Jesus in a stable is witnessed obliquely by the reader, who at the same time is amused by the ironical twist conveyed: how distrustful, unimaginative folks were allergic to the greatest of miracles, which transpired under their very noses.

llegan de distintas partes de su finca.° El anciano
de la barba larga quiere saber todo lo que hicieron
sus criados y sus peones, minuto por minuto; quiere
saber cómo gastan° su dinero. Y todos estos hombres sienten ante el anciano un profundo pavor.°

Esta noche el pastor° no ha llegado a tiempo.
Regularmente° el pastor regresa de los prados°
antes de sentarse a la mesa el anciano.° El pastor
apacienta° cabras° y carneros° en los prados del
anciano y al regresar por la noche encierra° su
ganado° en un pequeño corral. Luego se presenta
al amo para darle cuenta de los trabajos del día.

Bastante impaciente,° el anciano se sienta a la
mesa. Le intriga la tardanza del pastor.° La cosa
es verdaderamente extraña.° A un criado que
tarda° en traerle la sopa°—¡retraso de un minuto!°
—el anciano le grita furiosamente. Asustado, el
criado deja caer un plato.° Esto aumenta el susto°
de su mujer y de sus hijos. Sin duda ante esta
catástrofe°—la caída° de un plato—la casa se va a
venir abajo° con los gritos del anciano. Y, en
efecto, media hora dura° su terrible cólera.

Al fin, el pastor aparece en la puerta.
—¿Qué le ocurrió?°—le pregunta el anciano.
El pastor tarda en responder. Con el sombrero°
en la mano, indeciso,° mira fijamente al anciano.°
—Ocurrir . . . cómo ocurrir°. . . — dice al fin el
pastor—no ocurrió nada.
—Cuando hablas así, algo debió haber ocurrido°
—exclama el anciano.
—Ocurrir . . . cómo ocurrir . . . — repite° el
pastor.

66

finca farm

gastan spend
sienten [present indicative *sentir*] . . . *pavor* m. feel profound dread
   before the old man

pastor m. shepherd

Regularmente Usually / *prados* pastures

antes . . . *anciano* before the old man sits down to table
apacienta [present indicative *apacentar*] grazes / *cabras* goats /
   carneros sheep
encierra [present indicative *encerrar*] shuts up

ganado herd

Bastante impaciente Rather impatiently

Le . . . *pastor* The shepherd's lateness intrigues him

verdaderamente extraña really extraordinary
tarda delays / *sopa* soup / *¡retraso de un minuto!* a minute's
   delay!

Asustado . . . *plato* Flustered, the servant drops a plate / *aumenta
el susto* increases the fright

catástrofe f. accident [lit. catastrophe] / *la caída* the dropping

se . . . *abajo* will tumble down

dura lasts

¿Qué le ocurrió? What has happened to you?

sombrero hat

indeciso perplexed / *mira* . . . *anciano* he stares at the old man

cómo ocurrir as for happening

algo . . . *ocurrido* something must have happened

repite [present indicative *repetir*] repeats

67

—¡Idiota, estúpido! ¿No sabes hablar? ¿No tienes lengua?° ¡Habla, habla!—grita el anciano cada vez más enfadado.°

Y el pastor, trémulo, habla. No ocurrió nada. No sucedió nada durante el día. Los carneros y las cabras pastaron° en los prados como siempre. Los carneros y las cabras siguen perfectamente bien, pastaron como de costumbre.°

El anciano se impacienta:°—Pero ¡idiota! ¿acabarás de hablar?°

El pastor repite y repite que no ha ocurrido nada. Nada, pero en el establo, que se halla a la salida del pueblo°—el establo y la era° pertenecen° al anciano—el pastor vió una cosa extraña: vió que dentro del establo había gente.

Al escuchar° estas palabras, el anciano da un salto.° No puede contenerse;° se acerca al pastor° y le grita:

—¿Gente en mi establo? ¿En el establo que está en mi era? Pero . . . pero ¿es que ya no se respeta la propiedad ajena?° ¿Es que se proponen todos ustedes arruinarme?°

El establo consiste de cuatro paredes ruinosas;° la puerta carcomida puede abrirse facilmente.° Una ventanita, abierta en la pared del fondo, da a la era.°

Varias personas han entrado en el establo y pasarán° allí la noche. Quizás hace días que viven allí.° ¡En sus tierras,° en su sagrada propiedad!° ¡Y sin aún pedírsele permiso a él!° Ahora su cólera es más grande que nunca. Sí, sí, todos quieren arruinarle. El caso este es terrible: no se ha visto nunca cosa semejante°. . . Por eso, decide ir él mismo a comprobar el desafuero.° El anciano se da prisa° para echar a esos vagabundos de su establo.°

lengua tongue

cada . . . enfadado increasingly angry

pastaron grazed

como de costumbre as usual

se impacienta loses his patience

¿acabarás de hablar? will you speak out?

en el establo . . . pueblo in the stable located on the outskirts of town / *era* threshing ground / *pertenecen* belong

Al escuchar On hearing

da un salto leaps [to his feet] / *No puede contenerse* He can't control himself / *se acerca al pastor* he walks up to the shepherd

propiedad ajena private property

¿Es que . . . arruinarme? Are all of you trying to ruin me?

cuatro . . . ruinosas four tumbledown walls

la puerta . . . facilmente the worm-eaten door can easily be opened

Una ventanita . . . era. A little window, cut in the back wall, faces the threshing ground

pasarán will spend

Quizás . . . allí. Perhaps they have been living there for days. / *En sus tierras* On his lands / *sagrada propiedad* sacred property

¡Y sin . . . él! And without even asking his leave!

no se ha visto . . . semejante never has anyone seen such a thing

a comprobar el desafuero to verify the outrage

se da prisa hurries

para echar . . . establo to throw those tramps out of his stable

69

—¿Qué clase de gente es?—le pregunta al pastor.

—Pues son . . . pues son . . .—replica el pastor —pues son un hombre y una mujer.

—¿Un hombre y una mujer? ¡Pues ahora verán!°—y el anciano de la barba larga coge° su sombrero y su bastón° y sale hacia el establo.

La noche es clara y serena. Brillan las estrellas en el cielo.° El silencio es profundo. El anciano va caminando solo. Nerviosamente golpea el suelo° con su bastón. Ya llega al establo. La puerta está cerrada. El anciano se detiene° un momento y luego se va acercando a la ventanita lentamente. Ve dentro un vivo resplandor.°

El anciano mira y lanza un grito.° La sorpresa paraliza sus movimientos.° Pasa de sorpresa a admiración, de admiración a estupefacción.° Se clava° a la pared; su respiración° es anhelosa.° Jamás ha visto lo que ve ahora.° Lo que él contempla no lo han contemplado° nunca ojos humanos. Sus ojos no se apartan del interior del establo.°

Pasan los minutos, pasan las horas insensiblemente.° El espectáculo es maravilloso, sorprendente. ¿Cuánto tiempo ha pasado ya? ¿Cómo medir° el tiempo ante un espectáculo tan maravilloso? El anciano tiene la sensación° de que han pasado muchas horas, muchos días, muchos años . . . El tiempo no es nada al lado de° esta maravilla, única en la tierra.°

El anciano regresa lentamente a su casa. Tardan° en abrirle la puerta, pero él no dice nada. Dentro de la casa una criada deja caer la vela° cuando iba alumbrándole° y él no dice ni una palabra de reproche.° Con la cabeza baja,° va andando por los corredores como un fantasma.° Su mujer, que

70

¡Pues ahora verán!   Well, I'll show them! / *coge*   takes up
bastón m.   walking stick

Brillan . . . cielo   The stars shine in the sky
Nerviosamente . . . suelo   Nervously he thumps the ground

se detiene [present indicative *detenerse*]   stops

Ve . . . resplandor   Within he sees a bright radiance
lanza un grito   shouts
La sorpresa . . . movimientos   Surprise paralyzes his movements
estupefacción f.   stupefaction
Se clava   He nails himself / *respiración*   breath / *anhelosa*   panting
Jamás . . . ahora.   Never had he seen what he is seeing now.
contemplado   beheld

Sus ojos . . . establo.   He can't take his eyes away from inside of the
        stable.

insensiblemente   unnoticed

medir   to measure
tiene la sensación   feels

al lado de   in the presence of
única . . . tierra   unique in the world
Tardan   They are slow [lit. They delay]

vela   candle
cuando iba alumbrándole   as she was lighting the way for him
no dice . . . reproche   he utters not one word of reproach / *Con . . .*
        baja   With his head bowed
fantasma m.   ghost

71

estaba en la sala,° tropieza y derriba un mueble que rompe unas figuritas.° El anciano no dice nada. La sorpresa paraliza a la esposa. La mansedumbre° del anciano sorprende a todos. Silencioso, él se sienta en una silla y deja caer la cabeza sobre el pecho.° Medita un largo rato. Le llaman después y él, dócil° como un niño, se deja llevar hasta la cama.°

A la mañana siguiente, el anciano continúa silencioso, absorto.° A unos pobres° que llaman a la puerta,° les da un puñado° de monedas de plata.° De su boca no sale ni una palabra de reproche. La estupefacción es profunda en todos. El anciano de la barba larga ya no es un monstruo° sino un niño. Su mujer, sus hijos, no pueden imaginar tal cambio;° algo grave debió ocurrirle° durante su visita al establo. Todos observan al anciano recelosos.° Sin embargo no se deciden a preguntarle nada. Él sigue silencioso.

La mujer le interroga dulcemente,° pero él no revela° su secreto. Tras mucho interrogar y porfiar, el anciano un día lo revela al oído de su mujer. El asombro se pinta en la cara de ella.°

—¡Tres reyes° y un niño!—repite ella, sin poder contenerse.°

El anciano pone un dedo en los labios.° Sí, sí, la mujer callará,° pero aún así° cree que su marido está loco. ¡Tres reyes en el establo con un niño! Evidentemente durante su paseo nocturno° le ha ocurrido algo al anciano. Poco a poco se difunde° por la casa la noticia° de que la mujer conoce el secreto del anciano. Preguntan los hijos a la madre. Al principio° ella se resiste a hablar pero al fin, pegando la boca al oído de la hija,° revela el secreto del padre.

sala living room

tropieza . . . figuritas stumbles and knocks over a piece of furniture
   which breaks several statuettes

mansedumbre f. meekness

pecho breast

dócil docile, obedient

cama bed

absorto absorbed / *pobres* m.pl. beggars

llaman a la puerta knock at the door / *puñado* handful / *plata*
   silver

monstruo monster

no pueden . . . cambio can't conceive such a change / *algo grave*
   . . . ocurrirle something serious must have happened to him

recelosos puzzled

le interroga dulcemente sweetly interrogates him

revela reveals

El asombro . . . ella Her face shows her astonishment

reyes m.pl. kings

sin poder contenerse unable to control herself

pone . . . labios lays a finger to his lips

callará will keep silence / *pero aún así* but even then

paseo nocturno evening stroll

se difunde spreads

noticia news

Al principio At first

pegando . . . hija setting her lips to her daughter's ear

—¡Pobre papá, está loco!—exclama la hija.

Los criados se enteran° de que los hijos ya conocen el secreto del señor. Pero no se atreven° a preguntar. Finalmente, una criada° muy vieja que hace treinta° años vive con ellos, pregunta a la hija. Y la joven, pegando sus labios al oído de la anciana, revela el secreto de su padre.

—¡Pobre, pobre señor, está loco!—exclama la criada.

Poco a poco todos conocen el secreto y todos deciden que el anciano de la barba larga está loco. Mueven la cabeza° con tristeza y compasión.° ¡Tres reyes y un niño en el establo! ¡Pobre señor, qué loco está!

Y el anciano de la barba larga, sin impaciencia, sin irritación, sin cólera,° ve pasar los días. Da dinero a los pobres, y para todos tiene palabras dulces.° En la casa todos le miran con tristeza. El señor está loco, no puede ser de otra manera.° ¡Tres reyes en el establo!

Su esposa, inquieta, hace llamar a un médico famoso,° un hombre muy sabio° que conoce las propiedades de las piedras,° de las plantas, de los animales. Cuando entra en la casa le conducen a presencia del anciano.° El médico famoso le examina, le interroga sobre su vida, sobre sus costumbres,° sobre su alimentación.° El anciano sonríe° con dulzura,° y cuando le revela su secreto, tras un largo interrogatorio,° el sabio mueve la cabeza:

—Sí, sí—dice el doctor—sí, sí, es posible, tres reyes y un niño en el establo; sí, sí, ¿cómo no?—y el sabio vuelve a mover la cabeza.

se enteran learn

no se atreven they do not dare

criada maidservant

treinta thirty

Mueven [present indicative *mover*] *la cabeza* They shake their heads
/ *con . . . compasión* with sadness and compassion

sin impaciencia . . . cólera without impatience, without irritation,
without anger

dulces sweet

no puede ser de otra manera it can't be otherwise

inquieta . . . famoso worried, sends for a famous doctor / *sabio*
learned

que conoce . . . piedras who knows the properties of stones

le conducen . . . anciano they usher him into the presence of the old
man

costumbres f.pl. habits / *alimentación* f. food

sonríe [present indicative *sonreír*] smiles / *con dulzura* gently

tras . . . interrogatorio after a lengthy interrogation

El médico famoso se despide° en la sala de la mujer del anciano, que le interroga inquieta.

—Su marido está loco, pero es una locura pacífica.° Nada de peligro.° No hay que tener cuidado.° Loco, sí, pero pacífico. Ningún régimen especial.° Esperaremos a ver . . .°

EJERCICIO ORAL

1. ¿Cuándo comienza el cuento?
2. ¿En dónde está el anciano y qué hace?
3. ¿Por qué se enoja tanto después que entra en su casa?
4. ¿Qué tienen que hacer los criados a la hora de cenar?
5. ¿Quién llega tarde? ¿A qué se debe su retraso?
6. ¿Se alegra mucho el anciano al saber que había gente en su establo?
7. ¿Qué decide hacer entonces el anciano?
8. ¿Qué ve el anciano dentro del establo?
9. ¿Cuánto tiempo pasó allí el anciano?
10. Al regresar a casa ¿qué le sorprende a todos?
11. ¿Cómo trata a los pobres al día siguiente?
12. ¿Qué le revela el anciano a su esposa?
13. ¿Qué opina ahora la señora de su marido?
14. ¿Cómo llega a saber el secreto la hija? Y la criada ¿cómo lo llega a saber?
15. ¿A qué conclusiones llega el médico? ¿Está usted de acuerdo con él?
16. ¿Qué diferencia nota usted entre el final del anciano de este cuento y don Luis, el personaje principal de "Las Cuatro Pesetas" (p. 2)? ¿Cómo se diferencia el "milagro" de "Carta a Dios" (p. 26) con este "Primer Milagro"?
17. ¿Qué hace el médico al visitar al anciano?
18. ¿A qué conclusiones llega el médico? ¿Está usted de acuerdo con él?

76

se despide [present indicative *despedirse*]   takes leave

locura pacífica a mild form of insanity / *Nada de peligro* No danger at all

No ... cuidado Nothing to worry about

Ningún régimen especial No special treatment / *Esperaremos a ver* We'll wait and see

---

EJERCICIO ESCRITO

1. The old man puts the silver coins in a chest.
2. He sees some bread crumbs on his furniture.
3. They will succeed in ruining him.
4. He begins to shout; his rage is terrifying.
5. At dinner time all the men have to give him an account of what they did during the day.
6. He wants to know how they spend his money.
7. Tonight the shepherd is late.
8. The shepherd grazes goats and sheep in the old man's pasture lands.
9. The shepherd said: "Nothing happened."
10. There were people in the stable.
11. The old man stands up and approaches the shepherd.
12. The little window faces the threshing ground.
13. The old man takes up his hat and cane and heads for the stable.
14. The stars glitter in the sky.
15. The door is closed.
16. The old man lets out a cry, and surprise paralyzes his movements.
17. The old man returns slowly to his house.
18. He sits down in an armchair.
19. Everyone is surprised at the old man's meekness.
20. Finally he reveals his secret to his wife.
21. His wife considers him insane.
22. She calls a famous doctor to examine him.
23. The doctor thinks it is a mild form of insanity.
24. Nothing to worry about.

9 La fotografía

El fotógrafo° del pueblo se mostró muy complaciente.° Le enseñó° varios telones pintados.° Uno con árboles frondosos.° Otro con columnas truncas° que, según él,° hacían juego° con una mesa de hierro° que simulaba una herradura.°

El fotógrafo deseaba complacerla.° Madame Dupont era muy simpática a pesar de su pelo oxigenado,° de los polvos de la cara pegados a la piel,° y de las joyas baratas y cursi° que usaba. Con otro perfume—y sin esas joyas, esos polvos y ese pelo oxigenado—se habría conquistado° un sitio decoroso° en el pueblo. Pero Madame Dupont no sabía (o no quería) renunciar a sus gustos.°

—¿Preferiría la señora sacarse una instantánea° en la plaza? No, eso indicaría mal gusto ¿verdad?° —dijo el fotógrafo riéndose de su observación°— mejor será una fotografía de usted tomando el té en un lindo jardín,° dando la impresión de que está en su propia casa, en su propio jardín ¿no le parece?°

Y juntó una polvorienta balaustrada° y la mesa de hierro al decorado° de columnas. Puso en

One of the most arresting and versatile writers of modern Uruguay was Enrique Amorim (1900-1960). His novels *El paisano Aguilar* (1934), *El caballo y su sombra* (1941), and *La luna se hizo con agua* (1944) depicted with forceful realism manifold problems of the rural areas. These works have assured Amorim a permanent

fotógrafo photographer
complaciente complaisant, amiable / *enseñó* showed / *telones pintados* painted backdrops
frondosos luxuriant, leafy
columnas truncas truncated columns / *según él* according to him / *hacían juego* matched
hierro iron / *simulaba una herradura* simulated a horseshoe

complacerla to oblige her, to please her

pelo oxigenado bleached hair
polvos . . . piel face powder caked on her skin / *joyas . . . cursi* cheap and gaudy jewels

se habría conquistado she would have won herself

sitio decoroso decent place

renunciar a sus gustos to give up her pleasures, to deny herself her whims

sacarse una instantánea to take a snapshot

mal gusto ¿verdad? poor taste, wouldn't it?
riéndose [present participle of *reírse*] *de su observación* poking fun at his remark

tomando . . . jardín drinking tea in a beautiful garden

¿no le parece? don't you think?

juntó . . . balaustrada he put together a dusty balustrade

decorado setting, decor, theater scenery

place in Spanish-American literature, but they have distracted the critics from paying due attention to his short stories. One of these, "La fotografía" [The Photograph], shows Amorim's masterly command of pathos and satire as well as his warm sympathy for the underdog.

seguida dos sillas al lado de la mesa y se alejó en busca del ángulo más favorable.° Desapareció unos segundos bajo el paño negro° y regresó a la conversación contento de su sensacional descubrimiento.

—¡Magnífico! ¡Magnífico! Acabo de ver exactamente lo que usted quiere.

Madame Dupont miraba el escenario° con cierta incredulidad. La pobre mujer no sabía nada de esas cosas. Se había fotografiado dos veces en su vida: al embarcarse en Marsella,° para obtener el pasaporte, y, luego, con un marinero,° en un parque de diversiones° cerca de Montevideo.° Por supuesto que no pudo remitir tales fotografías° a su madre. ¿Qué diría su madre° al verla con un marinero? ¡Su madre que tanto odiaba el mar° y a los marineros!

Madame Dupont volvió a explicarle° al fotógrafo sus intenciones:

—Quiero un retrato° para mamá. Tiene que dar la impresión de que estoy en una casa de verdad.° En mi casa.

El fotógrafo ya sabía de memoria° todo eso. Sabía muy bien lo que ella quería: un retrato elocuente de ella—en su casa, muy feliz, en compañía de una amiga íntima. Hasta veía ya la dedicatoria:° "A mi inolvidable madre° querida, en el patio de mi casa, con mi mejor amiga."

Era fácil simular° la casa. Los telones quedarían admirablemente.° Faltaba la compañera,° la amiga.

—Una amiga . . . eso es cosa suya,° señora. Yo no se la puedo facilitar.° Usted tendrá que traerla, y le garantizo° una fotografía perfecta.

Madame Dupont volvió tres o cuatro veces. El

se alejó . . . favorable   he moved away seeking the best angle

paño negro   black cloth

escenario   setting

al . . . Marsella   upon embarking in Marseilles

marinero   sailor

parque de diversiones   amusement park / *Montevideo*   the capital city of Uruguay

Por supuesto . . . fotografías   Of course she could not send such photographs

¿Qué diría su madre?   What would her mother say?

odiaba el mar   hated the sea

volvió a explicarle   turned to explain

retrato   picture, portrait

una casa de verdad   a real house

de memoria   by heart [lit. from memory]

Hasta veía . . . dedicatoria   Already he could see the dedication

inolvidable madre   unforgettable mother

simular   to simulate

Los telones . . . admirablemente   The backdrop would come out admirably well / *Faltaba la compañera*   [Only] the companion was missing

es cosa suya   is your problem

Yo . . . facilitar   I can't provide you with one

le garantizo   I guarantee you

fotógrafo se mostraba siempre complaciente, optimista.°

—Ayer fotografié° a dos señoras contra ese mismo telón. La fotografía salió perfecta. Aquí está la muestra:° parece° el jardín de una casa rica.

Madame Dupont sonrió° ante la muestra. Tenía razón° el fotógrafo. Un retrato verdaderamente hermoso. Dos señoras, en su jardín, tomando el té.°

Y regresó, alegre,° a su casa vergonzosa en los arrabales° del pueblo.

Cerca de su obscuro rincón,° vivía la maestra de escuela,° la única vecina° que respondía a su tímido saludo:°

—Buenas tardes.

—Buenas . . .

Algún día Madame Dupont conseguirá valor para detener el paso y hablarle.° La maestra parecía marchita,° en su balcón de mármol,° con su aire melancólico. Bien podría ella hacerle un favor. ¿Por qué no atreverse? . . .°

Al fin, una tarde se detuvo y le explicó el caso lo mejor que pudo.° Sí, era nada más que para sacarse un retrato° para su mamá. Un retrato de ella con alguien respetable, como la señorita. Se retratarían las dos° y luego pondría° una dedicatoria. La madre, una vieja ya en sus últimos años,° comprendería que su hija vivía en una casa decente y tenía amigas, buenas amigas, a su alrededor.° La escena ya estaba preparada desde hace días.° ¿Sería ella tan amable de complacerla?° ¿La podía esperar en casa del fotógrafo? Sí, la esperaría a la salida de clase.° Mañana mismo . . .°

Madame Dupont no recordaba si había monologado;° si la maestra había dicho que sí o que no.

se mostraba . . . optimista   always proved to be obliging, optimistic

Ayer fotografié   Yesterday I photographed

muestra   print, proof, sample / *parece*   it looks like
sonrió [preterite *sonreir*]   smiled
Tenía razón   was right

tomando el té   having tea
alegre   delighted
casa . . . arrabales   wretched house in the outskirts
obscuro rincón   dark hovel [lit. corner]
maestra de escuela   schoolmistress / *la única vecina*   the only neighbor
tímido saludo   timid greeting

conseguirá . . . hablarle   will get up courage to pause and speak to
  her
marchita   faded / *mármol m.*   marble

Bien . . . atreverse   She would well be able to do her a favor. Why
  not dare?

lo mejor que pudo [preterite *poder*]   as well as she could

era . . . retrato   it was nothing more than taking a picture

Se retratarían las dos   They would be photographed together [lit. the
  two] / *pondría* [conditional *poner*] would inscribe [lit. would
  put]
una vieja . . . años   an old woman already in her last years

a su alrededor   around her

La escena . . . días   The scene had been prepared for days
¿Sería . . . complacerla?   Would she be so gracious as to accommodate her?

a la salida de clase   after class / *Mañana mismo*   The very next day

no recordaba . . . monologado   did not remember whether she had
  soliloquized

Pero recordaba una frase, no escuchada desde tiempo atrás:° "Con mucho gusto."

* * *

El fotógrafo acomodaba° las sillas, la mesa, limpiaba todo con su plumero.° De vez en cuando° se asomaba° a la calle a ver pasar la gente.° Cuando los niños salieron de la escuela, entró a decírselo a Madame Dupont. La maestra ya estaría en camino.°

—Dentro de un momento llegará°—aseguró° Madame Dupont—ahora estará arreglándose.°

Pasó un cuarto de hora.° Ya los niños vagabundeaban° por las calles, sucios, gritones, comiendo bananas y tirando las cáscaras en la acera° con intenciones crueles.

—Ya debería estar aquí.° Lamento comunicarle° —dijo el fotógrafo—que dentro de poco° no tendremos luz° suficiente para una buena fotografía.

Madame Dupont aguardaba, disfrutando de su apacible rincón.° Nunca había permanecido° tanto tiempo en un sitio° tan amable y familiar.°

Al anochecer,° Madame Dupont salió de su rincón. Dijo que volvería al día siguiente.° La maestra, sin duda, había olvidado la cita.°

Al doblar la esquina° de su calle Madame Dupont vió a la maestra huir° de su balcón. Oyó el golpe de la puerta como una bofetada.° Después lo sintió en sus mejillas,° ardiendo.°

* * *

No es fácil olvidar un trance semejante.° Y menos aún° si se vive una vida tan sedentaria, tan igual.° Porque Madame Dupont acostumbraba° a salir una vez a la semana° y ahora ha reducido sus

no escuchada . . . atrás   not heard for a long time

acomodaba   arranged

limpiaba . . . plumero   cleaned everything with his feather duster /
   De vez en cuando   From time to time
se asomaba   he looked out [lit. leaned out] / *a ver . . . gente*   to see
   the people go by

ya estaría en camino   must be on her way already

Dentro . . . llegará   She'll be here shortly / *aseguró*   affirmed

arreglándose   fixing herself up

Pasó . . . hora   A quarter of an hour passed

vagabundeaban   were loitering

sucios . . . acera   filthy, shrieking, eating bananas and casting the
   peels on the sidewalk

Ya . . . aquí   She ought to be here by now / *Lamento comunicarle*
   I regret to inform you
dentro de poco   soon, in a little while

luz f.   light

aguardaba . . . rincón   waited, enjoying her peaceful nook / *perma-*
   necido   remained
sitio   place / *amable y familiar*   pleasant and homelike

Al anochecer   At nightfall

volvería . . . siguiente   she would return the following day

había . . . cita   had forgotten the appointment

Al doblar la esquina   As she turned the corner [lit. Upon turning]

huir   to flee

Oyó [preterite *oír*] *. . . bofetada*   She heard the slam of the door like
   a slap in the face
mejillas   cheeks / *ardiendo* [present participle *arder*]   smarting [lit.
   burning]

un trance semejante   such an awkward occurrence

Y menos aún   Especially

tan . . . igual   so sedentary, so unchangeable / *acostumbraba*   was in
   the habit
una vez . . . semana   once a week

85

paseos° por el pueblo. Pasa meses sin abandonar los horribles muros° de su casa.

No vió más° a la maestra marchitándose° en su balcón de mármol, a la espera del amor, de la ventura.°

Los niños siguen vagabundeando por las calles, sucios, gritones, comiendo bananas y tirando las cáscaras en la acera con intenciones crueles.

A veces, no está demás decirlo,° hay que encoger los hombros y seguir viviendo.°

EJERCICIO ORAL

1. ¿Quién es Mme. Dupont? Describirla.
2. ¿Qué clase de fotografía quiere ella?
3. ¿Para qué quiere tal fotografía?
4. ¿Cuántas veces se había fotografiado Mme. Dupont en su vida?
5. Además de los telones ¿qué más se necesita para la fotografía que Mme. Dupont desea remitir a su mamá?
6. ¿A quién invitó Mme. Dupont para ir a casa del fotógrafo?
7. Describir a la maestra de escuela.
8. ¿Llegó temprano la maestra a casa del fotógrafo?
9. ¿Qué hacían los niños después de clase?
10. ¿Por qué no vino la maestra a fotografiarse?
11. ¿Qué vió Mme. Dupont al doblar la esquina de su calle?
12. ¿Remitió Mme. Dupont una buena fotografía a su mamá?

ha . . . paseos   she has curtailed her strolls

muros   walls

No vió más   She never again saw / *marchitándose*   wasting away

a la espera . . . ventura   waiting for love, for happiness

no está demás decirlo   it is not platitudinous to say
hay que . . . viviendo   one must shrug one's shoulders and go on
   living

EJERCICIO ESCRITO

1. Mme. Dupont wanted to send a photograph to her mother who was living in France.
2. The photographer was trying to please her and showed her several backdrops.
3. She could not send to her mother a picture of her with a sailor in an amusement park near Montevideo.
4. The ideal picture would be of her having tea with an intimate friend in a beautiful garden, in her home.
5. It had to be with someone respectable, like the schoolmistress.
6. However, would the teacher be so gracious as to accommodate her?
7. The photographer watched the people go by while he cleaned tables and chairs with a feather duster.
8. The teacher must be on her way now for it is late afternoon and the school children are already loitering in the streets.
9. Did the teacher forget her appointment or did she change her mind?
10. Mme. Dupont saw the schoolmistress fleeing from the balcony and heard the slam of the door.

10 Los tres cuervos

—¡Mi general!

—¡Coronel!°

—Es mi deber° comunicarle que ocurren cosas muy particulares° en el campamento.°

—Diga° usted, coronel.

—Se sabe, de una manera positiva,° que uno de nuestros soldados° se sintió ligeramente enfermo,° en un principio;° luego creció su enfermedad;° más tarde experimentó un terrible dolor en el estómago° y por fin vomitó tres cuervos° vivos.

—¿Vomitó qué?

—Tres cuervos, mi general.

—¡Cáspita!°

—¿No le parece a mi general que éste es un caso muy particular?°

—¡Particular, en efecto!°

—¿Y qué opina usted de ello?

—¡Coronel, no sé qué opinar! Voy a comunicarlo en seguida al Ministerio. Conque son°. . .

—Tres cuervos, mi general.

—¡Habrá alguna equivocación!°

—No, mi general; son tres cuervos.

—¿Usted los ha visto?°

—No, mi general; pero son tres cuervos.

—Bueno, convengo en ello,° aunque no me lo explico; ¿quién le informó a usted?

In the course of his career, José Antonio Campos (1868-1939), better known as "Jack the Ripper," wrote countless satirical sketches for newspapers and magazines. He wanted to improve his fellow citizens with laughter. In "Los tres cuervos" [The Three

José A. Campos 10

coronel m. colonel

deber m. duty

particulares strange / *en el campamento* in camp

Diga [imperative *decir*] Say [what it is]

Se sabe . . . positiva It is known beyond any doubt, from reliable sources

soldados soldiers

se sintió [preterite *sentirse*] *ligeramente enfermo* felt slightly unwell / *en un principio* at first

creció su enfermedad his discomfort [lit. illness] increased

dolor en el estómago stomachache / *vomitó tres cuervos* vomited three crows

¡Cáspita! exclamation equivalent to "Upon my word!" "Holy smokes!"

¿No le . . . particular? Doesn't it strike my general that this is a very peculiar case?

en efecto indeed

Conque son . . . So then there are . . .

¡Habrá alguna equivocación! There must be some mistake!

¿Usted los ha visto? Did you see them?

convengo [present indicative *convenir*] *en ello* I accept it

---

Crows] his target was the universal readiness of people to take rumor as gospel truth, puffing it up to incredible proportions. In appreciation of his didactic intent his countrymen made him Minister of Education of his native country, Ecuador.

—El comandante Epaminondas.

—Hágale usted venir en seguida,° mientras yo transmito la noticia.

—Al momento,° mi general.

* * *

—¡Comandante Epaminondas!

—¡Presente, mi general!

—¿Qué historia es aquélla de los tres cuervos que ha vomitado uno de nuestros soldados enfermos?

—¿Tres cuervos?

—Sí, comandante.

—Yo sé de dos, nada más, mi general; pero no de tres.

—Bueno, dos o tres, poco importa.° La cuestión está en averiguar° si en realidad figuran verdaderos cuervos en el caso de que se trata.°

—Como figurar, figuran,° mi general.

—¿Dos cuervos?

—Sí, mi general.

—¿Y cómo ha sido eso?

—Pues la cosa más sencilla,° mi general. El soldado Pantaleón dejó una novia° en su pueblo, que, según la fama,° es una muchacha morena con mucha sal y pimienta.° ¡Qué ojos aquéllos, mi general, que parecen dos estrellas!° ¡Qué boca! ¡Qué mirada!° ¡Qué sonrisa!° Tiene un hoyito delicioso en cada mejilla° ...

—¡Comandante!

—¡Presente, mi general!

—Sea usted breve y omita todo detalle inútil.°

—¡A la orden,° mi general!

—¿Qué hubo, al fin, de los cuervos?°

—Pues bien:° el muchacho estaba triste por la dolorosa ausencia° de aquélla que sabemos, y no

Hágale [imperative *hacer*] . . . *seguida*   Have him come to me at once

Al momento   Right away

poco importa   it matters little

en averigüar   in finding out

si en realidad . . . trata   whether they were in truth real crows in the case in question

Como figurar, figuran   Without a doubt [lit. As for figuring, they certainly figure]

la cosa más sencilla   the simplest thing [in the world]

novia   sweetheart

según la fama   according to report

muchacha . . . pimienta   a very witty and lively [lit. with a lot of salt and pepper] brunette

estrellas   stars

¡Qué mirada!   What a [mischievous] glance! / *sonrisa*   smile

Tiene . . . mejilla   She has a delightful dimple in each cheek

Sea . . . inútil   Be brief, and omit every unofficial [lit. useless] detail

A la orden   At your orders

¿Qué hubo [preterite *haber*] *. . . cuervos?*   How about, i.e. What was the conclusion of the story about the crows?

Pues bien   Well, then

dolorosa ausencia   painful absence

quería comer nada, hasta que cayó enfermo° del
estómago y . . . ¡puf!°. . . dos cuervos.

—¿Usted tuvo ocasión de verlos?°

—No, mi general; sólo oí hablar de ellos.

—¿Y quién le dió a usted la noticia?°

—El capitán Aristófanes.

—Dígale usted que venga inmediatamente.

—¡En seguida, mi general!

* * *

—¡Capitán Aristófanes!

—¡Presente, mi general!

—¿Cuántos cuervos ha vomitado el soldado
Pantaleón?

—Uno, mi general.

—Acabo de saber que son dos, y antes me habían
dicho que tres.

—No, mi general, no es más que uno, afortunadamente;° pero a pesar de todo, me parece que
basta uno para considerar el caso como un fenómeno extraordinario° . . .

—Pienso lo mismo, capitán.

—Un cuervo, mi general, nada tiene de particular, si lo consideramos desde el punto de
vista zoológico. ¿Qué es el cuervo? No lo con-
fundamos con el cuervo europeo, mi general, que
es el *corvus corax* de Linneo.° La especie° que
aquí conocemos está incluida en° otra familia,
y creo que se trata del verdadero y legítimo°
Sarcoranfus, que se diferencia° del *vultur papa,* del
catartus y aun del mismo *californianus.* No obstante,
hay zoólogos que creen° . . .

—¡Capitán!

—¡Presente, mi general!

—¿Estamos en clase de historia natural?°

—No, mi general.

cayó [preterite *caer*] *enfermo*   became ill

¡puf!   exclamation: pouf!

¿Usted . . . verlos?   Did you have a chance to see them?

noticia   news

afortunadamente   fortunately

pero . . . extraordinario   but nevertheless it seems to me that one is
enough for us to consider the case an unheard-of phenomenon

corvus . . . Linneo   name given to the common European crow by the
Swedish naturalist Carl Linnaeus (1707-1778) / *especie* f.   species

está incluida en   forms part of

creo . . . legítimo   I hold that we are dealing with the true and
genuine

que se diferencia   which differs

No obstante . . . creen   Nevertheless there are some zoologists who
believe that

¿Estamos . . . natural?   Are we in a class in natural history?

93

—Entonces, vamos al grano.° ¿Qué hubo del cuervo que vomitó el soldado Pantaleón?

—Es positivo,° mi general.

—¿Usted lo vió?

—No, mi general; pero lo supe por el teniente Pitágoras, que fué testigo del hecho.°

—Está bien. Quiero ver en seguida al teniente Pitágoras.

—¡Será usted servido,° mi general!

* * *

—¡Teniente Pitágoras!

—¡Presente, mi general!

—¿Qué sabe usted del cuervo . . . ?

—Ya,° mi general; el caso es raro en verdad; pero ha sido muy exagerado.°

—¿Cómo así?°

—Porque no es un cuervo entero° sino parte de un cuervo, nada más. Lo que vomitó el enfermo fué una ala° de cuervo, mi general. Yo, como es natural, me sorprendí mucho y corrí a informar a mi capitán Aristófanes; pero parece que él no oyó° la palabra *ala* y creyó que era un cuervo entero; a su vez° llevó el dato° a mi comandante Epaminondas, quien entendió que eran dos cuervos y pasó la voz° al coronel Anaximandro, quien creyó que eran tres.

—Pero . . . ¿y esa ala o lo que sea?°

—Yo no la he visto, mi general, sino el sargento Esopo. A él se le debe la noticia.°

—¡Ah diablos! ¡Que venga ahora mismo el sargento Esopo!°

—¡Vendrá° al instante, mi general!

* * *

—¡Sargento Esopo!

—¡Presente, mi general!

vamos al grano   let's get to the point

Es positivo   There's no doubt of it

lo supe [preterite *saber*] . . . *hecho*   I learned about it through Lieutenant Pythagoras who witnessed the event

Será usted servido   You shall be obeyed

Ya   Oh yes

ha . . . exagerado   has been much exaggerated

¿Cómo así?   How so?

un cuervo entero   a whole crow

ala   wing

no oyó [preterite *oír*]   did not hear

a su vez   in turn / *llevó el dato*   reported the occurrence [lit. item of information]

pasó la voz   passed the word on to

¿y esa ala . . . sea?   and that wing or whatever it is?

A él . . . noticia   You owe the news to him

¡Ah diablos. . . . Esopo!   The devil! Let Sergeant Aesop come at once!

Vendrá [future *venir*]   He will come

—¿Qué tiene el soldado Pantaleón?

—Está enfermo, mi general.

—Pero, ¿qué tiene?

—Está vomitando.

—¿Desde cuándo?

—Desde anoche, mi general.

—¿A qué hora vomitó el ala del cuervo que dicen?

—No ha vomitado ninguna ala, mi general.

—Entonces, pedazo de jumento,° ¿cómo has relatado la noticia° de que el soldado Pantaleón había vomitado una ala de cuervo?

—Con perdón, mi general, yo desde chico sé un versito que dice:°

> Yo tengo una muchachita
> Que tiene los ojos negros
> Y negra la cabellera°
> Como las alas del cuervo.
> Yo tengo una muchachita . . .

—¡Basta, majadero!°

—Bueno, mi general, lo que pasó fué que cuando vi a mi compañero que estaba vomitando una cosa obscura, me acordé° del versito y dije que había vomitado negro *como el ala del cuervo.*

—¡Ah diantres!°

—Eso fué todo, mi general, y de ahí ha corrido la historia.°

—¡Retírate al instante, zopenco!°

Dióse luego un golpe en la frente el bravo jefe° y dijo:

—¡Buena la hemos hecho!° Creo que puse cinco o seis cuervos en mi información,° como suceso extraordinario de campaña!°

96

pedazo de jumento   you jackass

has . . . noticia   have you reported the news?

desde chico . . . dice   since childhood I have known a little poem
    that runs

cabellera   hair

¡Basta, majadero!   Enough, you fool!

me acordé   I was reminded

¡Ah diantres!   The deuce!

de ahí . . . historia   from there the yarn spread
¡Retírate . . . zopenco!   Withdraw immediately, idiot!
Dióse . . . jefe   The angry chief stroked his forehead

¡Buena . . . hecho!   A fine piece of work!
Información   report
como . . . campaña   as an extraordinary campaign occurrence

97

EJERCICIO ORAL

1. ¿Por qué se sintió enfermo el soldado?
2. ¿Por qué es su caso tan particular?
3. ¿Por qué le pregunta el general al capitán si están en una clase de historia natural?
4. ¿Por qué dijo el sargento que el soldado vomitó negro como el ala del cuervo?
5. ¿Cuántos cuervos puso el general en su informe?
6. ¿Qué critica el autor de este cuento?

EJERCICIO ESCRITO

1. Tell him to come at once.
2. There is nothing unusual about a crow.
3. Get to the point! How did you find out about it?
4. She is a very witty and lively brunette.
5. The general stroked his forehead.

II El potrillo roano

I

Cansado de jugar° a "El tigre," un juego° de su
exclusiva invención y que consiste en perseguir por
las ramas de los árboles° a su hermano Leo, que se
defiende bravamente, usando los higos verdes°
como proyectiles,° Mario se ha salido al portón del
fondo° de la quinta° y allí, bajo el sol meridiano°
y apoyado° en uno de los viejos pilares,° mira la
calle, esperando pacientemente que el otro, en-
caramado° aún en la rama más alta de una higuera°
y deseoso de continuar la lucha,° se canse° a su
vez de gritarle "¡zanahoria!"° y "¡mulita!",° cuando
un espectáculo inesperado° le llena de agradable
sorpresa.

Volviendo la esquina° de la quinta, un hombre,
montado en una yegua panzona,° a la que sigue un
potrillo,° acaba de enfilar la calle° y se acerca
despacio.

—¡Oya!° ...

Y Mario, con los ojos muy abiertos y la cara
muy encendida,° se pone al borde de la vereda,°
para ver mejor.

¡Un potrillo! ... ¡Habría que saber lo que
significa para Mario, a la sazón,° un potrillo, llegar

Of the many contemporary writers who have found inspiration for
their novels in the lives of the gauchos (the Argentine cowboys)
and their vast prairies, none has surpassed Benito Lynch (1880-
1951). However, because he so faithfully transcribed the language
of these gauchos, he limited his reading public and was not widely

Benito Lynch II

jugar to play / *juego* game

por . . . árboles through the branches of the trees

higos verdes green figs

proyectiles ammunition
portón del fondo back gate / *quinta* villa / *sol meridiano* noon-
day sun
apoyado leaned / *pilares* m.pl. pillars

encaramado perched / *higuera* fig tree

lucha fight / *se canse* [present subjunctive *cansarse*] grow weary

¡zanahoria! nitwit! [lit. carrot] / *¡mulita!* idiot! [lit. armadillo]

espectáculo inesperado unexpected sight

Volviendo la esquina Turning the corner

montado . . . panzona riding [lit. mounted on] a pot-bellied mare
potrillo [dim. *potro*] little colt / *enfilar la calle* to appear on the
street

¡Oya! i.e. *Oiga* [imperative *oír*] Listen, Hey there!

muy encendida beaming / *se pone . . . vereda* gets on the sidewalk

Habría que . . . sazón One would have to know how much it meant
to Mario, at this time

known outside of his own country. Fortunately, in the short story
"El potrillo roano" [The Sorrel Colt], a keen analysis of a little
boy's psychology, Lynch offers no difficulties. His style is simple
and the pathos of the situation is conveyed adroitly and con-
vincingly.

a tener un potrillo suyo, es su pasión, su eterno sueño° . . . Pero, desgraciadamente°—y bien lo sabe por experiencia—sus padres no quieren animales en la quinta, porque se comen las plantas y descortezan los troncos de los árboles.°

Por eso, Mario va a conformarse° como otras veces, contemplando platónicamente° el paso de la pequeña maravilla,° cuando se produce un hecho extraordinario.°

En el instante mismo en que le enfrenta,° sin dejar de trotar° y casi sin volver el rostro,° el hombre aquel, que monta la yegua y que es un mocetón de cara adusta y boina colorada,° suelta a Mario esta proposición estupenda:°

—¡Che,° chiquilín!° . . . ¡Si quieres el potrillo ese, te lo doy! . . . ¡Lo llevo al campo pa° matarlo!

Mario, siente al oirle, que el suelo se estremece bajo sus pies,° que sus ojos se nublan,° que toda la sangre afluye a su cerebro,° pero ¡ay! . . . conoce tan a fondo° las leyes° de la casa, que no vacila ni un segundo y, rojo como un tomate, rehusa° avergonzado:°

—¡No! . . . ¡gracias! . . . ¡no! . . .

El mocetón se alza ligeramente de hombros° y, sin agregar palabra,° sigue de largo,° bajo el sol que inunda la calle y llevándose a aquel prodigio° de potrillo roano, que trota airosamente° y que, con su colita esponjada y rubia,° espanta las moscas como si fuera un caballo grande° . . .

—¡Mamá! . . .

Y desbocado° como un potro y sin tiempo para decir nada a su hermano, Mario se presenta bajo el emparrado.°

—¡Ay, mamá! ¡Ay, mamá!

su eterno sueño his everlasting dream / *desgraciadamente* unfor-
tunately

descortezan ... árboles strip the bark off the tree trunks

conformarse to resign himself

contemplando platónicamente watching platonically

maravilla marvel

se produce ... extraordinario an extraordinary event takes place

En el instante ... enfrenta Just as he comes face to face

sin ... trotar without slackening his trot / *rostro* face

mocetón [augmentative of *mozo*] ... *colorada* a big, robust young
fellow with a sullen face and a red beret

suelta ... estupenda let loose at Mario this wonderful proposal

Che friend, pal / *chiquilín* [diminutive of *chico*] little boy

pa short form of *para*

el suelo ... pies the ground quakes under his feet / *se nublan* cloud
over

afluye a su cerebro rushes to his head [lit. brains]

tan a fondo so thoroughly / *las leyes* the rules

rehusa refuses

avergonzado ashamed

se alza ligeramente de hombros shrugged his shoulders slightly

sin ... palabra without another word [lit. without adding a word] /
sigue de largo goes his way

prodigio marvel

airosamente proudly

colita ... rubia his fluffy yellowish little tail

espanta ... grande brushes off the flies just like a grown-up horse
[lit. just as if he were] [*fuera*, imperfect subjunctive *ser*]

desbocado dashing headlong [like a runaway horse]

emparrado arbor

103

La madre, que cose en su sillón a la sombra,° se alza con sobresalto:°

—¡Virgen del Carmen!° ¿Qué, mi hijo, qué te pasa?

—¡Nada, mamá, nada . . . que un hombre!

—¿Qué, mi hijo, qué?

—¡Que un hombre que llevaba un potrillo precioso,° me lo ha querido dar! . . .

—¡Vaya qué susto me has dado!°—Sonríe la madre entonces; pero él, excitado, prosigue° sin oírla:

—¡Un potrillo precioso, mamá, un potrillo roano, así,° chiquito . . . y el hombre lo iba a matar, mamá! . . .

Y aquí ocurre otra cosa estupenda, porque contra toda lógica, Mario oye a la madre que le dice con un tono de sincera pena:°

—¿Sí? . . . ¡Caramba!° . . . ¿Por qué no se lo aceptaste? ¡Tonto! ¡Mira, ahora que nos vamos° a "La Estancia"! . . .

Ante aquel comentario tan sorprendente, el niño abre una boca de a palmo,° pero está "tan loco de potrillo"° que no se detiene a inquirir nada° y con un: "¡Yo lo llamo entonces!" . . . echa a correr hacia la puerta.

—¡Cuidado, hijito!—grita la madre.

¡Qué cuidado!° . . . Mario corre tan veloz,° que su hermano a la pasada no alcanza a dispararle ni un higo° . . .

Al salir a la calle, el resplandor del sol le deslumbra.° ¡Ni potrillo, ni yegua, ni hombre alguno por ninguna parte! . . . Mas, bien pronto, sus ojos ansiosos descubren allá, a lo lejos, la boina encarnada entre una nube de polvo.°

104

que . . . sombra   who is sewing in her armchair in the shade

se alza con sobresalto   rises with a start

¡Virgen del Carmen!   exclamation equivalent to "Good Heavens!"

precioso   beautiful

¡Vaya [exclamation equivalent to "Mercy!"] *. . . dado!*   what a fright
you have given me!

prosigue [present indicative *proseguir*]   goes on

así   this big [including the appropriate gesture]

sincera pena   genuine concern [lit. sincere grief]

¡Caramba!   exclamation equivalent to "Gosh!"

Mira . . . vamos   [especially] now that we're going

abre . . . palmo   opens his mouth widely; freely translated, his jaw
gaped [*palmo* measures the length from thumb to little finger]

loco de potrillo   colt-crazy / *inquirir nada*   to ask any questions

¡Qué cuidado!   Careful nothing! / *tan veloz*   so fast

a la pasada . . . higo   doesn't manage to throw a single fig at him as
he passes

el resplandor . . . deslumbra   the sun's glare dazzles him

nube de polvo   cloud of dust

105

Antes de dos cuadras,° su voz llega a los oídos°
de aquel árbitro° supremo de su felicidad, que va
trotando sobre su humilde° yegua.

—¡Pst!, ¡pst!, ¡hombre!, ¡hombre! ...

El mocetón al oírle detiene° su yegua y aguarda°
a Mario:

—¿Qué quieres, che?

—¡El potrillo! ... ¡Quiero el potrillo!—grita
Mario a la vez que tiende sus dos brazos° hacia el
animal.

—Bueno—dice el hombre—agárralo,° entonces ... Y agrega en seguida, mirándole las manos:

—¿Trajiste con qué?°

Mario torna a ponerse rojo° una vez más.

—No ... yo no ...

Y mira embarazado en torno suyo,° como
esperando encontrar por allí cabestros escondidos
entre los yuyos ...°

Y el hombre, desmontando,° va entonces a
descolgar un trozo de alambre° que por casualidad
pende de un cerco,° mientras el niño le aguarda
conmovido.°

II

¡Tan sólo Mario sabe lo que significa para él°
ese potrillo roano que destroza las plantas, que
muerde, que cocea, que se niega a caminar cuando
se le antoja;° que cierta vez le arrancó de un
mordisco un mechón de la cabellera,° creyendo sin
duda que era pasto;° pero que come azúcar en su
mano° y relincha en cuanto le descubre a la distancia!° ...

Es su amor, su preocupación, su norte,° su luz
espiritual ... Tanto es así, que sus padres se han
acostumbrado a usar del potrillo aquel, como de

106

cuadras blocks / *su voz . . . oídos* his voice reaches the ears

árbitro arbiter

humilde humble

detiene [present indicative *detener*] stops / *aguarda* waits for

a la vez . . . brazos at the same time that he stretches out his arms

agárralo grab it, take hold of it [imperative *agarrar*]

¿Trajiste [preterite *traer*] *con qué?* Did you bring something [to do it with]?

ponerse rojo to blush

mira . . . suyo looks around, embarrassed

como esperando . . . yuyos as if expecting to find halters hidden somewhere in the grass

desmontando dismounting

descolgar . . . alambre to unhook a piece of wire

que . . . cerco that happens to be hanging from the fence

le aguarda conmovido waits for him [filled] with emotion

Tan sólo . . . él Only Mario knows what it means to him

destroza . . . antoja destroys plants, bites, kicks, refuses to move whenever he takes a notion to

le arrancó . . . cabellera tore out a lock of [Mario's] hair with one bite

pasto grass

come . . . mano eats sugar from his hand

relincha . . . distancia neighs as soon as he sees him in the distance

norte guiding star

un instrumento para domeñar y encarrilar al chicuelo:°

—Si no estudias, no saldrás° esta tarde en el potrillo . . . Si te portas mal te quitaremos el potrillo° . . . Si haces esto o dejas de hacer aquello° . . .

La amenaza° tiene muchísimo poder en su ánimo.° ¡Y es que es también un encanto° aquel potrillo roano, tan manso,° tan cariñoso!°

El domador° de "La Estancia" le ha hecho un bozalito° que es una maravilla, un verdadero y primoroso encaje de tientos rubios° y, poco a poco, los demás peones, ya por cariño a Mario o por emulación del otro,° han ido confeccionado° todas las demás prendas° hasta completar un aperito° que provoca° la admiración de "todo el mundo."

Para Mario, es el mejor de todos los potrillos y es tan firme su convicción a este respecto que las burlas° de su hermano Leo, que da en apodar al potrillo roano "burrito" y otras lindezas por el estilo,° le hacen el efecto° de verdaderas blasfemias.°

En cambio,° cuando el capataz° de "La Estancia" dice, después de mirar al potrillo por entre sus párpados entornados:°

—Pa mi gusto, va a ser un animal de mucha presencia éste° . . .—a Mario le resulta° el capataz, el hombre más simpático y el más inteligente . . .

III

El padre de Mario quiere hacer un jardín° en "La Estancia," y como el "potrillo odioso"°—que así le llaman ahora algunos, entre ellos la mamá del niño, tal vez porque le pisó unos pollitos recién

como . . . chicuelo [diminutive of *chico*] as a means of taming the little boy, and keeping him in line

saldrás [future *salir*] you will not go out

Si te portas mal . . . potrillo If you misbehave, we'll take away the colt
Si haces . . . aquello If you do this or don't do that

amenaza threat
tiene . . . ánimo exerts a great deal of influence on his behavior [lit. has a great deal of power over his spirit] / *encanto* marvel, wonder
manso tame / *cariñoso* affectionate
domador tamer

le . . . bozalito has made him a little headstall

un . . . rubios a true and exquisite lacework of strips of tan leather

ya . . . otro either out of affection for Mario or competition with the other [man, i.e. the tamer] / *han ido confeccionado* have made
prendas pieces, parts, accessories

aperito little riding outfit / *provoca* provokes

burlas scoffing, taunts

da en . . . estilo insists on calling the sorrel colt "jackass" and other such insults [lit. cute things (sarcastically)] / *le hacen el efecto* strike him
blasfemias blasphemies
En cambio On the other hand / *capataz* m. foreman

por . . . entornados through half-closed eyes

Pa [*para*] *mi gusto . . . éste* In my opinion, this colt here will be a real beauty / *le resulta* seems to him

jardín m. garden
odioso hateful

nacidos°—parece empeñado en oponerse al propósito,° a juzgar por la decisión con que ataca las
tiernas plantitas° cada vez que se queda suelto,°
se ha recomendado a Mario desde un principio,°
que no deje de atarlo° por las noches. Pero Mario
se ha olvidado ya tantas veces, que al fin, una
mañana, su padre, exasperado,° le dice:

—El primer día, que el potrillo vuelva a destro-
zar° alguna planta, ese mismo día se lo echo al
campo°...

—¡Ah, ah!... "¡Al campo!" "¡Echar al campo!..."

¿Sabe el padre de Mario, por ventura,° lo que sig-
nifica° para el niño, eso de "echar al campo"?

Sería necesario tener ocho años como él,
pensar como él piensa y querer como él quiere a
su potrillo roano, para apreciar toda la enormidad
de la amenaza°...

"¡El campo!... ¡Echar al campo!..." El
campo es para Mario algo proceloso, infinito,
abismal;° y echar al potrillo allí, tan atroz e in-
humano como arrojar al mar a un recién nacido°...

Por eso Mario no se descuidó° y durante toda
una larga semana el potrillo no infirió° la más leve
ofensa° a la más insignificante florecilla.°...

IV

Una radiosa mañana de febrero° Mario estaba
acostado de través° en la cama y con los pies sobre
el muro "confiando"° a su hermano Leo algunos
de sus proyectos sobre el porvenir luminoso° del
potrillo roano, cuando su mamá se presenta
inesperadamente en la alcoba:°

110

le pisó . . . nacidos trampled on some of her newborn chicks

parece . . . propósito seems bent on opposing the project

a juzgar . . . plantitas judging by the vehemence with which he at-
tacks the tender seedlings / *se queda suelto* remains loose

desde un principio from the very beginning

que no deje de atarlo not to forget to tie [the colt] up

exasperado exasperated

vuelva a destrozar destroys again

lo echo al campo I'll turn him out into the fields

por ventura perchance

lo que significa what it means

toda la enormidad de la amenaza all the enormity of the threat

algo . . . abismal something tempestuous, boundless and abysmal

tan atroz . . . nacido as atrocious and inhuman as casting a newborn
babe into the sea

no se descuidó was not careless

no infirió did not inflict

la más leve ofensa the slightest damage / *florecilla* [diminutive of
flor f.] little flower

Una . . . febrero A radiant February morning [remember that it is
a summer month in southern South America]

de través across

confiando confiding

porvenir luminoso bright future

se presenta . . . alcoba unexpectedly enters the bedroom

111

—¿Has visto tu potrillo?—dice muy agitada.°
Mario se pone rojo y después pálido.°
—¿Qué? ¿El qué, mamá? . . .
—¡Que ahí anda otra vez tu potrillo suelto° en el
patio y ha destrozado una porción de cosas!°. . .
A Mario le parece que el universo se le cae en-
cima.°
—Pero . . . ¿cómo?—pregunta.—Pero, ¿có-
mo? . . .
—¡Ah, no sé cómo—replica entonces la madre
—pero no dirás que no te lo había prevenido hasta
el cansancio!° . . . Ahora tu padre . . .
—¡Pero si yo lo até!°. . . ¡Pero si yo lo até! . . .
Y mientras se viste a escape,° Mario ve todas las
cosas turbias, como si la pieza aquella se estuviese
llenando de humo.°

V

Un verdadero desastre.° Jamás el potrillo se
atrevió° a tanto. No solamente ha pisoteado° esta
vez el césped° y derribado con el anca cierto parasol
de cañas,° por el cual una enredadera comenzaba a
trepar con gran donaire;° sino que ha llevado su
travesura° hasta° arrancar de raíz° varias matas de
claveles raros° que había por allí.
—¡Qué has hecho!° ¡Qué has hecho, "Nene!"°
Y como en un sueño,° y casi sin saber lo que
hace, Mario, arrodillado sobre la húmeda tierra,°
se pone a replantar° febrilmente° los claveles,
mientras "el nene," "el miserable,"° se queda allí,
inmóvil, con la cabeza baja, la hociquera del bozal

muy agitada   all upset

se pone . . . pálido   turns crimson and then pale

suelto   loose

ha . . . cosas   has destroyed a whole lot of things

el universo . . . encima   the universe [suddenly] crashes down on top of him

pero no dirás . . . cansancio   but you can't say I haven't warned you time and again [lit. to the point of exhaustion]

¡Pero . . . até!   But I *did* tie him up!

se viste [present indicative *vestirse*] *a escape*   hurriedly gets dressed

ve . . . humo   he sees everything blurred, as if that room were filling up with smoke

desastre m.   disaster

se atrevió   dared / *pisoteado*   trampled

césped m.   lawn

derribado . . . cañas   knocked down the cane trellis with his rump

una enredadera . . . donaire   a vine was starting to climb with great elegance

travesura   mischief / *hasta*   to the point, to the extreme / *arrancar de raíz*   to uproot

matas . . . raros   rare carnation plants

¡Qué has hecho!   What have you done? / *Nene* m.   Baby

sueño   dream

arrodillado . . . tierra   kneeling on the damp ground

replantar   to replant / *febrilmente*   feverishly

el miserable   the wretch

113

zafada° y un "no se sabe qué" de cínica despreocu-
pación° en toda "su persona" . . .

VI

Como sonámbulo,° Mario camina con el potrillo
del cabestro por medio de la ancha avenida°
bordeada de altísimos álamos,° que termina allá,
en la tranquera que se abre° sobre la inmensidad
desolada del campo.

¡Cómo martilla la sangre° en el cerebro° del
niño; cómo ve las cosas semiborradas° a través de
una niebla° y cómo resuena° aún en sus oídos la
tremenda amenaza de su padre! . . .

—¡Agarre° ese potrillo y échelo al campo! . . .

Mario no llora porque no puede llorar, porque
tiene la garganta oprimida por una garra de acero,°
pero camina como un autómata,° camina de un
modo tan raro, que sólo la madre advierte° desde
el patio . . .

Y es que para Mario, del otro lado de aquella
tranquera, está la conclusión de todo; está el
vórtice° en el cual dentro de algunos segundos se
van a hundir° fatalmente, detrás del potrillo roano,
él y la existencia entera . . .

Cuando Mario llega a la mitad de su camino, la
madre no puede más y gime,° oprimiendo nerviosamente el brazo del padre que está a su lado:

—Bueno, Juan° . . . ¡Bueno! . . .

—¡Vaya! . . . ¡llámelo! . . .

Pero, en el momento en que Leo se arranca
velozmente,° la madre lanza un grito agudo° y el
padre echa a correr desesperado.

Allá, junto a la tranquera, Mario, con su delantal
de brin, acaba de desplomarse sobre el pasto, como
un blando pájaro alcanzado por el plomo° . . .

114

la hociquera . . . zafada   the muzzle of his headstall loose
un . . . despreocupación   a certain air [lit. I don't know what] of
   cynical indifference

sonámbulo   sleepwalker

por medio . . . avenida   down the middle of the wide avenue

bordeada . . . álamos   lined with towering poplars

la tranquera . . . abre   the gate which opens on

¡Cómo . . . sangre   How the blood pounds / *cerebro*   brain

semiborradas   half-obliterated, blurred

niebla   fog / *resuena* [present indicative *resonar*]   rings

Agarre   Take

la garganta . . . acero   his throat is gripped by a steel claw

autómata m.   automaton

advierte [present indicative *advertir*]   notices

vórtice m.   vortex, whirlpool

hundir   to sink

no puede más y gime   can't stand it any longer and moans

¡Bueno, Juan!   Enough, Juan!

se arranca velozmente   starts out swiftly / *lanza un grito agudo*   lets
   out a shriek

acaba de . . . plomo   had just fallen on the grass, like a gentle bird
   hit by a bullet

115

VII

... Algunos días después y cuando Mario puede sentarse por fin, en la cama, sus padres, riendo, pero con los párpados enrojecidos° y las caras pálidas por las largas vigilias,° hacen entrar en la alcoba al potrillo roano, tirándole del cabestro y empujándolo por el anca° ...

EJERCICIO ORAL

1. ¿Cómo es el juego de los hermanos y quién lo inventó?
2. ¿Qué ve Mario y qué desearía?
3. ¿Por qué no quieren sus padres tener animales?
4. ¿Qué ofrece el mocetón a Mario?
5. ¿Por qué es sorprendente la contestación que la madre da a Mario?
6. ¿Cómo adquiere Mario el potrillo?
7. ¿Cómo amenazan a Mario sus padres? ¿Tiene poder la amenaza?
8. ¿Qué destrozos hizo el potrillo?
9. ¿Qué orden da el padre?
10. ¿Cómo afecta a Mario dicha orden?
11. ¿En dónde se encuentra Mario al final del cuento?
12. ¿Cómo están sus padres y qué hacen al fin?

párpados enrojecidos   reddened eyelids

vigilias   vigils, sleepless nights

tirándole . . . anca   pulling him by the halter and pushing on his
  rump

EJERCICIO ESCRITO

1. The young man told Mario: "If you want this colt, I'll give
   it to you."
2. Mario's parents do not want any animals at their villa
   because they eat up the plants in the garden.
3. The mother said that her son was a fool because he did not
   accept the colt.
4. Mario's father wants to turn the colt out into the fields.
5. A whole week went by and the colt did not inflict the
   slightest damage.
6. Later on a real disaster took place.

117

No saludó° al entrar. Yo estaba repasando sobre una badana la mejor de mis navajas.° Y cuando lo reconocí me puse a temblar.° Pero él no se dió cuenta.° Para disimular continué repasando la hoja.° La probé luego sobre la yema del dedo gordo° y volví a mirarla contra la luz.° En ese instante se quitaba el cinturón° ribeteado de balas° de donde pendía la funda de la pistola.° Lo colgó° de uno de los clavos del ropero° y encima colocó el kepis.° Volvió completamente el cuerpo para hablarme y, deshaciendo el nudo de la corbata,° me dijo: "Hace un calor de todos los demonios.° Aféiteme."° Y se sentó en la silla. Le calculé cuatro días de barba. Los cuatro días de la última excursión° en busca de los nuestros.° El rostro aparecía quemado por el sol.° Me puse a preparar minuciosamente el jabón.° Corté unas rebanadas° dejándolas caer en el recipiente,° mezclé un poco de agua tibia° y con la brocha empecé a revolver.° Pronto subió la espuma.° "Los muchachos de la tropa deben tener tanta barba como yo." Seguí batiendo° la espuma. "Pero nos fué bien,° ¿sabe? Pescamos a los principales.° Unos vienen muertos° y otros todavía viven. Pero pronto estarán todos muertos."

Born in Bogotá, Colombia, in 1908, Hernando Téllez received his education there and very early entered the world of journalism with which he is primarily identified. With the publication of his short-story collection, *Cenizas al viento* (1950), his name became better known, for these tragicomic tales display a keen and extremely sensitive observation of contemporary life and more par-

No saludó He did not greet

Yo . . . navajas I was honing the best of my razors on a leather strop

me puse a temblar I started to tremble

él . . . cuenta he didn't notice

hoja razor [lit. blade]

La probé . . . gordo I tested it on the tip of my thumb / *volví . . . luz* held it up again to the light [lit. looked at it again against the light]

se quitaba el cinturón he was taking off his belt / *ribeteado de balas* studded with bullets

de donde . . . pistola from which his pistol holster hung / *Lo colgó* He hung it [the belt]

clavos del ropero hooks [lit. nails] of the clothesrack

encima . . . kepis placed his military cap over it

deshaciendo . . . corbata loosening the knot of his tie

Hace . . . demonios It's hot as blazes [lit. as all the devils]

Aféiteme [imperative of *afeitar*] Give me a shave [lit. Shave me!]

excursión f. expedition / *en busca de los nuestros* in search of our troops [lit. of ours, our men]

El rostro . . . sol His face was sunburnt

jabón m. soap / *rebanadas* slices, chips

déjandolas . . . recipiente dropping them into the bowl

tibia lukewarm / *con la brocha . . . revolver* began to stir with the brush

Pronto . . . espuma Soon the lather rose

seguí batiendo I went on working up / *nos fué bien* we did all right

Pescamos . . . principales We caught [lit. fished out] the ring leaders [lit. the main ones] / *Unos . . . muertos* Some we brought back [lit. come] dead

ticularly of the painful reality of his native Colombia. One of these stories, "Espuma y nada más" [Just Lather, That's All, lit. Lather and Nothing Else], is a brilliant psychological analysis of a "little man" whose heart is in the right place; torn, however, between committing a murder and his tonsorial art and professional ethics he is unable to act.

"¿Cuántos cogieron?" pregunté. "Catorce.° Tuvimos que internarnos bastante para dar con ellos.° Pero ya la están pagando.° Y no se salvará ni uno, ni uno." Se echó para atrás en la silla al verme con la brocha en la mano, rebosante° de espuma. Faltaba ponerle la sábana.° Ciertamente yo estaba aturdido.° Extraje del cajón° una sábana y la anudé al cuello° de mi cliente. Él no cesaba de hablar. Suponía que yo era uno de los partidarios del orden.° "El pueblo habrá escarmentado° con lo del otro día,"° dijo. "Sí," repuse mientras concluía de hacer el nudo sobre la oscura nuca, olorosa a sudor.° "¿Estuvo bueno,° verdad?" "Muy bueno," contesté mientras regresaba a la brocha. El hombre cerró los ojos con un gesto de fatiga° y esperó así la fresca caricia° del jabón. Jamás lo había tenido tan cerca de mí. El día en que, según sus órdenes, el pueblo tuvo que desfilar° por el patio de la Escuela para ver a los cuatro rebeldes allí colgados,° me crucé° con él un instante. Pero el espectáculo de los cuerpos mutilados me impedía fijarme° en el rostro del hombre que lo dirigía todo y que ahora iba a tomar en mis manos. No era un rostro desagradable,° ciertamente. Y la barba, envejeciéndolo un poco, no le caía mal.° Se llamaba Torres. El capitán Torres. Un hombre con imaginación, porque ¿a quién se le había ocurrido antes colgar a los rebeldes desnudos y luego ensayar sobre determinados sitios del cuerpo una mutilación a bala?° Empecé a extender la primera capa° de jabón. Él seguía con los ojos cerrados. "De buena gana me iría a dormir un poco,"° dijo, "pero esta tarde hay mucho que hacer." Retiré° la brocha y pregunté con aire falsamente desinteresado:° "¿Fusilamiento?"° "Algo por el estilo,° pero más lento,"° respondió. "¿Todos?" "No. Unos cuantos apenas."° Volví a

120

catorce   fourteen

internarnos . . . ellos   to go pretty deep into the woods to find them

ya . . . pagando   we'll get even [lit. they're already paying for it]

rebosante   overflowing, i.e. lather-covered

Faltaba . . . sábana   I still had to put the sheet on him

aturdido   upset / *extraje* [preterite *extraer*] *del cajón*   I took out of
    the drawer

la anudé al cuello   I knotted it around the neck

Suponía . . . orden   He imagined that I was in sympathy with his
    party [lit. that I was an upholder of the status quo] / *habrá
    escarmentado*   must have learned a lesson

con . . . día   what we did the other day [lit. with that of the other
    day]

hacer . . . sudor   tying the knot around his dark, sweat-smelling neck /
    Estuvo bueno   That was a good one

gesto de fatiga   signs of exhaustion

caricia   caress

desfilar   to file by, to march

los cuatro . . . colgados   the four rebels hung there

me crucé [preterite *cruzarse*]   I came face to face

me impedía fijarme   kept me from noticing

desagradable   unpleasant

envejeciéndolo . . . mal   which made him seem a bit older than he
    was, didn't suit him badly

¿a quién . . . bala?   Who would have ever thought of hanging naked
    rebels and then holding target practice on specific parts of their
    bodies [lit. mutilate with bullets]

extender . . . capa   spread on the first layer

De buena . . . poco   I would surely like to go and sleep a while

Retiré   I took away

con aire . . . desinteresado   with a feigned lack of interest / *¿Fusila-
    miento?*   Execution, fusillade?

Algo por el estilo   Something like that / *más lento*   slower

Unos cuantos apenas   Just a few

121

enjabonarle° la barba. Otra vez me temblaban las manos. El hombre no podía darse cuenta de ello y ésa era mi ventaja.° Pero yo hubiera querido que él no viniera.° Probablemente muchos de los nuestros lo habrían visto entrar. Y el enemigo en la casa impone condiciones.° Yo tendría que afeitar esa barba como cualquiera otra, con cuidado, con esmero,° como la de un buen parroquiano, cuidando de que ni por un solo poro° fuese a brotar° una gota de sangre. Cuidando de que la piel quedara limpia, templada, pulida.° Sentir la superficie° sin un pelo al pasar el dorso° de mi mano por ella. Sí. Yo era un revolucionario clandestino,° pero era también un barbero de conciencia,° orgulloso° de la pulcritud° en su oficio.° Y esa barba de cuatro días se prestaba para una buena faena.°

Tomé la navaja, levanté en ángulo oblicuo las dos cachas,° dejé libre la hoja° y empecé la tarea, de una de las patillas hacia abajo.° La hoja respondía a la perfección.° El pelo se presentaba indócil y duro, no muy crecido, pero compacto.° La piel iba apareciendo° poco a poco. Sonaba la hoja con su ruido característico,° y sobre ella crecían los grumos de jabón mezclados con trocitos de pelo.° Hice una pausa para limpiarla,° tomé la badana de nuevo y me puse a asentar el acero,° porque yo soy un barbero que hace bien sus cosas. El hombre que había mantenido los ojos cerrados, los abrió, sacó una de las manos por encima de la sábana, se palpó la zona del rostro que empezaba a quedar libre de jabón,° y me dijo: "Venga° usted a las seis, esta tarde, a la Escuela." "¿Lo mismo del otro día?" le pregunté horrorizado.° "Puede que resulte mejor,"° respondió. "¿Qué piensa usted hacer?" "No sé todavía. Pero nos divertiremos."° Otra vez se echó hacia atrás y cerró los ojos. Yo

enjabonarle to lather [lit. to put soap on]

ésa era mi ventaja this was in my favor

Pero . . . viniera But I would have preferred that he hadn't come

el enemigo . . . condiciones an enemy in one's house imposes conditions [i.e. commands respect]

con esmero painstakingly

poro pore / *brotar* flow forth, emit

Cuidando . . . pulida Taking care that his skin ended up clean, soft and smooth / *superficie* f. surface, i.e. skin
dorso back

revolucionario clandestino underground revolutionist

de conciencia conscientious / *orgulloso* proud

pulcritud neatness, perfection / *oficio* craft, trade, profession

se prestaba . . . faena lent itself to a fine job [of shaving]

levanté . . . cachas I raised the handle [lit. the two sides of the handle] obliquely / *dejé . . . hoja* I exposed the blade
de . . . abajo from one of the sideburns downward

a la perfección to perfection; perfectly

indócil . . . compacto unruly and hard, not too long, but thick

iba apareciendo was emerging

Sonaba . . . característico The razor made its customary sound

crecían . . . pelo puffed up blobs of lather with little bits of hair

Hice . . . limpiarla I paused to clean it

asentar el acero to strop the razor

se palpó . . . jabón he felt the spot on his face where the soap had been cleared off / *Venga* [imperative *venir*] Come

horrorizado horrified

Puede . . . mejor It may turn out better

nos divertiremos we'll have a good time

123

me acerqué con la navaja en alto.° "¿Piensa castigarlos° a todos?" aventuré° tímidamente. "A todos." El jabón se secaba° sobre la cara. Debía apresurarme.° Por el espejo,° miré hacia la calle. Lo mismo de siempre:° la tienda de víveres° y en ella dos o tres compradores.° Luego miré el reloj:° las dos y veinte de la tarde. La navaja seguía descendiendo.° Ahora de la otra patilla hacia abajo. Una barba azul, cerrada.° Debía dejársela crecer° como algunos poetas o como algunos sacerdotes.° Le quedaría bien.° Muchos no lo reconocerían. Y mejor para él, pensé, mientras trataba de pulir suavemente todo el sector del cuello. Porque allí sí que debía manejar con habilidad la hoja.° Una barba crespa. Los poros podían abrirse, diminutos, y soltar su perla de sangre.° Un buen barbero como yo finca su orgullo° en que eso no ocurra a ningún cliente. Y éste era un cliente de calidad. ¿A cuántos de los nuestros había ordenado matar?° ¿A cuántos de los nuestros había ordenado mutilar? . . . Mejor no pensarlo. Torres no sabía que yo era su enemigo. No lo sabía él ni lo sabían los demás. Se trataba de un secreto entre muy pocos,° precisamente para que yo pudiese° informar a los revolucionarios de lo que Torres estaba haciendo en el pueblo y de lo que proyectaba hacer cada vez que emprendía° una excursión para cazar revolucionarios. Iba a ser, pues, muy difícil explicar que yo lo tuve entre mis manos y lo dejé ir tranquilamente, vivo y afeitado.

La barba le había desaparecido casi completamente. Parecía más joven, con menos años de los que tenía cuando entró. Yo supongo° que eso ocurre siempre con los hombres que entran y salen de las peluquerías.° Bajo el golpe de mi navaja Torres rejuvenecía,° sí, porque yo soy un buen

124

Yo ... alto I approached [him] with the razor poised [lit. on high]

castigarlos to punish them / *aventuré* I ventured [to say]

se secaba was drying

Debía apresurarme I had to hurry / *espejo* mirror

Lo mismo de siempre [It was] the same as ever / *tienda de víveres* grocery store

compradores customers [lit. buyers] / *reloj* m. clock, watch

seguía descendiendo continued downward

Una barba ... cerrada A thick, blue beard / *Debía ... crecer* He should have let it grow

sacerdotes priests

Le ... bien It would suit him well

sí que ... hoja indeed I had to handle the razor skillfully

Los poros ... sangre The pores might open up and let forth drops [lit. pearl] of blood

finca su orgullo prides himself [lit. bases his pride]

¿A cuántos ... matar? How many of ours [i.e. of our men] had he ordered killed?

Se trataba ... pocos It was a secret [shared] by very few

para ... pudiese so that I could

emprendía undertook

supongo [present indicative *suponer*] I suppose

peluquerías barbershops

Bajo ... rejuvenecía Under the stroke of my razor Torres was being rejuvenated

125

barbero, el mejor de este pueblo, lo digo sin vanidad.° Un poco más de jabón, aquí, bajo la barbilla,° sobre la manzana,° sobre esta gran vena.° ¡Qué calor! Torres debe estar sudando como yo. Pero él no tiene miedo. Es un hombre sereno que ni siquiera piensa en lo que ha de hacer° esta tarde con los prisioneros. En cambio yo, con esta navaja entre las manos, puliendo y puliendo° esta piel, evitando° que brote sangre de estos poros, cuidando todo golpe,° no puedo pensar serenamente. Maldita la hora en que vino,° porque yo soy un revolucionario pero no soy un asesino. Y tan fácil como resultaría matarlo.° Y lo merece. ¿Lo merece? No, ¡qué diablos!° Nadie merece que los demás hagan el sacrificio de convertirse en asesinos.° ¿Qué se gana con ello?° Pues nada. Vienen otros y otros y los primeros matan a los segundos y éstos a los terceros y siguen y siguen hasta que todo es un mar de sangre. Yo podría cortar este cuello, así, ¡zas!, ¡zas!° No le daría tiempo de quejarse° y como tiene los ojos cerrados no vería ni el brillo° de la navaja ni el brillo de mis ojos. Pero estoy temblando como un verdadero asesino. De ese cuello brotaría° un chorro° de sangre sobre la sábana, sobre la silla, sobre mis manos, sobre el suelo.° Tendría que cerrar la puerta. Y la sangre seguiría corriendo por el piso,° tibia, imborrable, incontenible,° hasta la calle, como un pequeño arroyo escarlata.° Estoy seguro de que un golpe fuerte, una honda incisión, le evitaría todo dolor.° No sufriría. ¿Y qué hacer con el cuerpo? ¿Dónde ocultarlo?° Yo tendría que huir,° dejar estas cosas, refugiarme° lejos, bien lejos. Pero me perseguirían hasta dar conmigo.° "El asesino del Capitán Torres. Lo degolló° mientras le afeitaba la barba. Una cobardía."° Y por otro lado: "El vengador de los

sin vanidad without bragging [lit. vanity]

barbilla chin / *manzana* Adam's apple / *vena* vein

ni siquiera . . . hacer is not even thinking about what he's going to do

puliendo y puliendo stroking and re-stroking

evitando avoiding

cuidando todo golpe taking care with every stroke

Maldita . . . vino Damn his ever coming in [lit. Cursed be the hour he came in]

Y . . . matarlo And how easy it would be to kill him

¡qué diablos! What the devil!

Nadie . . . asesinos No one deserves to have others make the sacrifice of becoming assassins

¿Qué . . . ello? What do you gain by it?

¡zas! ¡zas! bang, bang! / *No le . . . quejarse* I wouldn't give him time to say boo [lit. to whimper]

no vería ni el brillo he wouldn't see even the glistening

brotaría would gush forth / *chorro* jet

suelo floor

seguiría . . . piso would continue running along the floor

tibia . . . incontenible lukewarm, indelible, unstoppable

arroyo escarlata scarlet rivulet

Estoy . . . dolor I'm sure that one violent thrust, one deep incision, would exempt him from any pain

ocultarlo hide it

huir to flee

refugiarme take refuge

Pero . . . conmigo But they would pursue me until they found me

Lo degolló He beheaded him

cobardía act of cowardice

127

nuestros.° Un nombre para recordar (aquí mi nombre). Era el barbero del pueblo. Nadie sabía que él defendía nuestra causa . . ." ¿Y qué? ¿Asesino o héroe? Del filo de esta navaja depende mi destino.° Puedo inclinar un poco más la mano, apoyar un poco más la hoja, y hundirla.° La piel cederá como la seda, como el caucho,° como la badana. No hay nada más tierno° que la piel del hombre y la sangre siempre está ahí, lista a brotar.° Una navaja como ésta no traiciona.° Es la mejor de mis navajas. Pero yo no quiero ser un asesino, no señor. Usted vino para que yo lo afeitara.° Y yo cumplo honradamente con mi trabajo°. . . No quiero mancharme° de sangre. De espuma y nada más. Usted es un verdugo° y yo no soy más que un barbero. Y cada cual en su puesto.° Eso es. Cada cual en su puesto.

La barba había quedado limpia y pulida.° El hombre se incorporó° para mirarse en el espejo. Se pasó las manos por la piel y la sintió fresca y nuevecita.°

"Gracias," dijo. Se dirigió al ropero° en busca del cinturón, de la pistola y del kepis. Yo debía estar muy pálido y sentía la camisa empapada.° Torres concluyó de ajustar la hebilla,° rectificó° la posición de la pistola en la funda y, luego de alisarse maquinalmente los cabellos, se puso el kepis.° Del bolsillo del pantalón extrajo unas monedas para pagarme.° Y empezó a caminar hacia la puerta. En el umbral se detuvo° un segundo y volviéndose me dijo:

"Me habían dicho que usted me mataría. Vine para comprobarlo.° Pero matar no es fácil. Yo sé por qué se lo digo." Y siguió calle abajo.°

El vengador ... nuestros   The avenger of us all

Del filo ... destino   My fate depends on the edge of this razor

apoyar ... hundirla   press the razor a trifle harder and sink it in

La piel ... caucho   The skin will give way like silk, like rubber

tierno   tender

lista a brotar   ready to spurt

traiciona   fails [lit. betrays]

Usted ... afeitara   You came for a shave [lit. so that I shave you]

cumplo ... trabajo   I do my job honorably

mancharme   to stain myself

verdugo   executioner

cada ... puesto   each one in his own place

limpia y pulida   clean and smooth

se incorporó   stood up

Se pasó ... nuevecita   He rubbed his hands over his skin and felt it
fresh and brand new

Se dirigió al ropero   He went toward the clothes rack

Yo ... empapada   I must have been very pale and felt my shirt
drenched [with sweat]

Torres ... hebilla   Torres finished adjusting the buckle / *rectificó*
straightened

luego ... kepis   after absentmindedly smoothing his hair, he put on
his cap

Del bolsillo ... pagarme   From one of the pockets of his trousers he
took out some coins to pay me

En el umbral se detuvo [preterite *detenerse*]   In the doorway he
paused

Comprobarlo   to verify it

siguió [preterite *seguir*] *calle abajo*   he headed down the street

129

EJERCICIO ORAL

1. ¿Quién era Torres?
2. ¿Qué estaba haciendo el barbero cuando Torres entró en la peluquería?
3. ¿Qué quería Torres? ¿Por qué?
4. ¿Dónde había estado Torres durante los últimos días?
5. ¿Qué suponía Torres del barbero?
6. Torres invita al barbero a ir ¿adónde? ¿a qué hora? ¿para qué?
7. ¿Por qué no mata el barbero a Torres?
8. ¿Qué dijo Torres al salir de la peluquería?
9. ¿Es cobarde el barbero? Explicar.
10. ¿Cual es el significado más profundo del título de este cuento?

EJERCICIO ESCRITO

1. The barber was sharpening a razor.
2. The Captain said nothing when he entered the barbershop.
3. The Captain went deep into the woods to find the revolutionaries; he captured fourteen of them.
4. The people of the town file into the patio of the school to see four rebels hanging there.
5. I may be able to inform the revolutionaries of what Torres was doing in town.
6. Torres is a calm man who is not thinking about what he is going to do with the prisoners this afternoon.
7. How easy it would be to kill him!
8. They told me that you would kill me. I came to find out.
9. Killing is not easy.
10. Torres headed on down the street.

13 En provincia

La vie est vaine:
un peu d'amour,
un peu de haine,
et puis "bonjour."

La vie est brève:
un peu d'espoir,
un peu de rêve,
et puis "bonsoir."°

Tengo cincuenta y seis años y hace cuarenta que llevo la pluma tras la oreja° pues creí que sólo me podría servir para consignar partidas en el "Libro Diario"° o transcribir cartas con encabezamiento inmovible:

"En contestación a su grata, fecha . . . del presente, tengo el gusto de comunicarle . . ."°

Y es que salido de mi pueblo a los diez y seis años, después de la muerte de mi madre, sin dejar afecciones tras de mí,° viviendo desde entonces en este medio° provinciano,° donde todos nos entendemos verbalmente, no he tenido para qué escribir.°

A veces lo deseaba; me habría complacido° que

The Chilean writer Augusto Geomine Thomson (1882-1950) became famous under the pseudonym "Augusto d'Halmar" with the appearance of his first work of fiction, the naturalistic novel *Juana Lucero* (1902). Thereafter he wrote some twenty-five volumes of fiction. "En provincia" is characteristic of his best work—a whimsical tale of provincial life full of pathos and psychological com-

Agusto d'Halmar 13

The epigraph derives from a French popular song, the kind frequently heard in cafés and night clubs. It runs something like this: "Life is inane: a little love, a little hate and then 'good day.' / Life is brief: a little hope, a little dreaming and then 'good night.' "

llevo . . . oreja   I carry the pen behind my ear, i.e. I have been a clerk for forty years

consignar . . . Diario   to make entries in the Ledger

transcribir . . . comunicarle   to copy letter with the usual [lit. constant, immovable] opening: "In answer to your favor of —— inst., I am pleased to inform you . . ."

sin dejar . . . mí   leaving no sentimental attachments behind

medio   milieu, environment / *provinciano*   provincial

verbalmente . . . escribir   by means of words, I have felt no need of writing [my confessions]
me habría complacido   it would have pleased me

plexities. A fat, bald-headed bookkeeper who plays the flute (a caricature of Pan?) finds himself involved in an adulterous affair, simply because a well-to-do married lady wants to be a mother. For twenty-five years afterwards the bookkeeper wonders what really happened and why. . . .

alguien, en el vasto mundo, recibiese mis confidencias; pero ¿quién?

En cuanto a desahogarme con cualquiera, sería ridículo.°

La gente se forma una idea de uno y le duele modificarla.°

Yo soy, ante todo, un hombre gordo y calvo,° y un empleado° de comercio: Borja Guzmán, tenedor de libros° del "Emporio Delfín."°

¡Buena la haría saliendo ahora con revelaciones sentimentales!°

A cada cual se asigna, o escoge cada cual, su papel en la farsa,° pero preciso es sostenerlo hasta la postre.°

Debí casarme y dejé de hacerlo.° ¿Por qué? No por falta de inclinaciones, pues aquello mismo de que no hubiera disfrutado de mi hogar a mis anchas, hacía que soñase con formarlo.° ¿Por qué entonces? ¡La vida! ¡Ah, la vida!

El viejo Delfín me mantuvo un sueldo° que el heredero mejoró,° pero que fué reducido apenas cambió la casa de dueño.°

Tres he tenido, y ni varió mi situación ni mejoró de suerte.°

En tales condiciones se hace difícil el ahorro,° sobre todo si no se sacrifica el estómago.° El cerebro, los brazos, el corazón, todo trabaja para él.°

¿Es lo que me ha dejado soltero?° Sí, hasta los treinta y un años, pues de ahí en adelante no se cuenta.°

Un suceso° vino a clausurar a esa edad mi pasado,° mi presente y mi porvenir,° y ya no fui, ya no soy sino un muerto que hojea su vida.°

Aparte de esto° he tenido poco tiempo de aburrirme.° Por la mañana, a las nueve, se abre el almacén;° interrumpe su movimiento° para el

134

En cuanto . . . ridículo. As for getting it off my chest by telling just anyone—that would be ridiculous

le duele [present indicative *doler*] *modificarla* they hate to change it [lit. it pains them to change it]

gordo y calvo fat and bald-headed

empleado employee

tenedor de libros bookkeeper / *Emporio Delfín,* i.e. Mr. Delfín's store was named *Delfín's Emporium*

¡Buena . . . sentimentales! A fine thing to burst forth at this late hour [lit. now] with sentimental outpourings!

A cada . . . farsa Each person is allotted, or each person chooses, his role in the farce [of life]

sostenerlo . . . postre to play [the role] to the end

Debí . . . hacerlo I should have gotten married but I failed to do so

No . . . formarlo. Certainly not for a lack of desire, for the fact that I had not enjoyed fully the pleasures of hearth and home made me dream all the more of having a home.

me mantuvo [preterite *mantener*] *un sueldo* kept me at a salary

el heredero mejoró the heir increased [lit. bettered]

fué . . . dueño was cut as soon as the concern changed owners

ni varió . . . suerte neither my position changed nor my luck improved

se hace . . . ahorro it's difficult to save [money]

estómago stomach, i.e. one can't have any money unless one starves to death

el cerebro . . . él brains, arms, heart—everything works for it [i.e. for the stomach's sake]

soltero bachelor

pues . . . cuenta for from then on one stops counting

suceso event

vino . . . pasado brought to an end my past at that age / *porvenir* m. future

sino . . . vida but a dead man who turns the pages of his life

Aparte de esto Apart from this

aburrirme to get bored

almacén m. store / *movimiento* activity

135

almuerzo y la comida, y al toque de retreta° se cierra.

Después de guardar° los libros y apagar° la lámpara que me corresponde, cruzo la plazoleta° y abro una puerta: estoy en "mi casa."

Camino a tientas,° cerca de la cómoda° hago luz; allí, a la derecha, se halla siempre la bujía.°

Lo primero que veo es una fotografía, sobre el papel celeste° de la habitación; después, mi pobre lecho,° que nunca sabe disponer Verónica,° y que cada noche acondiciono de nuevo.° Una cortina de cretona oculta° la ventana que cae a la plaza.°

Si no tengo demasiado sueño,° saco mi flauta de su estuche° y ajusto sus piezas con vendajes y ligaduras.° Vieja, casi tanto como yo, el tubo malo, flojas las llaves, no regulariza ya sus suspiros,° y a lo mejor° deja una nota que cruza el espacio, y yo formulo un deseo invariable.

En tantos años se han desprendido muchas° y mi deseo no se cumple.°

Toco,° toco. Son dos o tres motivos° melancólicos. Tal vez supe más y pude aprender otros;° pero éstos eran los que Ella prefería, hace un cuarto de siglo,° y con ellos me he quedado.°

Toco, toco. Al pie de° la ventana, un grillo,° que se siente estimulado, se afina interminablemente.° Los perros ladran a los ruidos y a las sombras.° El reloj° de una iglesia da° una hora. El viento° que transita por° las calles desiertas pretende apagar el alumbrado público.°

Entonces, si penetra una mariposa° a mi habitación,° abandono la música y acudo para impedir que se precipite sobre la llama.°

Además, comenzaba a fatigarme.° Es preciso soplar con fuerza° para que la inválida° flauta res-

toque de retreta after dark [the military term is retreat]

guardar to put away / *apagar* to put out [a light]

plazoleta small square

a tientas gropingly [feeling my way in the dark] / *cómoda* chest of drawers, bureau

bujía candle

papel celeste blue wallpaper

lecho bed / *que . . . Verónica* which [the maid] Veronica has never learned to make properly

acondiciono de nuevo I remake

cortina . . . oculta a cretonne curtain hides / *que . . . plaza* facing the square

Si . . . sueño If I am not too sleepy

saco . . . estuche I remove my flute from its case

ajusto . . . ligaduras I adjust the various parts with tape and strings

flojas . . . suspiros its loose keys are unable now to control its sighs

a lo mejor at best

se han . . . muchas many [notes] have issued forth [from the flute]

no se cumple is not fulfilled

Toco I play / *motivos* musical compositions, motifs, tunes

Tal vez . . . otros Perhaps I knew more [than these] and could have learned others

hace . . . siglo twenty-five years ago / *con . . . quedado* these are the ones I have kept in my repertory [lit. with them I have remained]

al pie de near / *grillo* cricket

se afina interminablemente tunes up endlessly

Los perros . . . sombras The dogs bark at the noises and the shadows / *reloj* m. clock / *da* strikes

viento wind / *transita por* moves along, i.e. blows

pretende . . . público threatens to put out the street lamps [lit. the public lighting system]

mariposa butterfly

habitación f. room

acudo . . . llama I rush [I come to the rescue] to prevent it from throwing itself onto the flame

comenzaba a fatigarme I was beginning to get tired

soplar con fuerza to blow hard [lit. with force] / *inválida* feeble [invalid, sick]

ponda, y con mi volumen excesivo yo quedo jadeante.°

Cierro, pues, la ventana; me desvisto,° y en gorro y zapatillas,° con la palmatoria° en la mano, doy, antes de meterme en cama, una última ojeada al retrato.°

El rostro° de Pedro es acariciador;° pero en los ojos de ella hay tal altivez,° que me obliga a separar los míos. Cuatro lustros° han pasado y se me figura verla así: así me miraba.

Ésta es mi existencia, desde hace veinte años. Me han bastado,° para llenarla, un retrato y algunos aires antiguos;° pero está visto que, conforme envejecemos, nos tornamos exigentes.° Ya no me basta y recurro a la pluma.°

Fué, como dije,° hace veinte años; más, veinticinco, pues ello empezó cinco años antes. Yo no podía llamarme ya un joven y ya estaba calvo y bastante grueso;° lo he sido siempre: las penas no hacen sino aumentar mi gordura.°

Había fallecido mi primer patrón,° y el Emporio pasó a manos de su sobrino,° que habitaba en la capital;° pero nada sabía yo de él, ni siquiera le había visto nunca, pero no tardé en conocerle a fondo:° duro y atrabiliario con sus dependientes,° con su mujer se conducía° como un perfecto enamorado° aunque su matrimonio databa de diez años.° ¡Cómo parecían amarse, santo Dios!

También conocí sus penas, aunque a simple vista pudiera creérseles felices.° A él le minaba el deseo de tener un hijo,° y, algo de ello había llegado a sospechar° ella. A veces solía preguntarle: "¿Qué echas de menos?",° y él le cubría la boca de besos.° Pero ésta no era una respuesta. ¿No es cierto?

Me habían admitido en su intimidad° desde que conocieron mis aficiones filarmónicas.° "Debimos

volumen . . . jadeante because of my fatness [due to my excessive volume] I keep panting [or I lose my breath]

me desvisto [present indicative *desvestirse*] I get undressed

gorro y zapatillas nightcap and bedroom slippers / *palmatoria* candlestick

doy . . . retrato I cast a last glance at the picture

rostro face / *acariciador* pleasant, sweet, charming

altivez f. haughtiness, arrogance

Cuatro lustros Twenty years [a lustrum is a period of five years]

Me han bastado · have sufficed me

aires antiguos old melodies

conforme . . . exigentes as [lit. in proportion as] we grow older we become [more] exacting

recurro . . . pluma I resort to the pen, i.e. I take up the pen to write my memoirs

como dije [preterite *decir*] as I said

calvo . . . grueso bald-headed and rather stout

las penas . . . gordura sorrows only make me fatter [lit. increase my fatness]

Había . . . patrón My first boss had died

pasó . . . sobrino became his nephew's property

habitaba . . . capital lived in the capital city [i.e. Santiago de Chile]

a fondo thoroughly / *duro . . . dependientes* harsh and ill-tempered with his subordinates

se conducía he behaved

enamorado lover

aunque . . años although he had been married for ten years

a simple . . . felices at first sight one might have come to believe that they were happy

A él . . . hijo He was eaten up [lit. undermined] by the desire to have a child

sospechar to suspect

solía . . . menos? she used to ask him [often]: "What do you miss?" / *besos* kiss

intimidad f. intimacy

desde . . . filarmónicas as soon as they discovered my love for music [lit. philharmonic fondness]

adivinarlo: tiene pulmones a propósito."° Tal fue el elogio° que le hizo de mí su mujer en nuestra primera velada.°

¡Nuestra primera velada! ¿Cómo acerté° delante de aquellos señores de la capital, yo que tocaba de oído° y que no había tenido otro maestro que un músico de la banda?° Ejecuté,° me acuerdo, "El ensueño," que esta noche acabo de repasar,° "Lamentaciones de una joven" y "La golondrina y el prisionero";° y sólo reparé° en la belleza de la principala,° que descendió° hasta mí para felicitarme.°

De allí dató° la costumbre de reunirnos, apenas se cerraba el almacén, en la salita del piso bajo,° la misma donde ahora se ve luz, pero que está ocupada por otra gente.

Pasábamos algunas horas embebidos° en nuestro corto repertorio,° que ella no me había permitido variar en lo más mínimo,° y que llegó a conocer tan bien que cualquiera nota falsa la impacientaba.°

En los primeros tiempos, el marido asistió° a los conciertos y, al arrullo de la música, se adormecía;° pero acabó por dispensarse de ceremonias° y siempre que estaba fatigado nos dejaba y se iba a su lecho.°

Algunas veces asistía uno que otro° vecino, pero la cosa no debía parecerles divertida° y con más frecuencia quedábamos solos.

Así fue como una noche que me preparaba a pasar de un motivo a otro, Clara (se llamaba Clara) me detuvo° con una pregunta a quemarropa:°

—Borja, ¿ha notado usted su tristeza?°

—¿De quién?, ¿del patrón?—pregunté, bajando también la voz—. Parece preocupado,° pero . . .

140

Debimos . . . propósito We should have guessed it: he has lungs for it [lit. fitting for the purpose]

elogio praise

velada soirée, evening

acerté I succeeded

tocaba de oído played by ear

músico . . . banda a player in the municipal band / *Ejecuté* I played *"El ensueño". . . repasar* [a musical composition entitled] "The Dream" which I just rehearsed tonight

"Lamentaciones . . . prisionero" "A Young Woman's Complaints" and "The Swallow and the Prisoner" / *reparé* noticed
principala the lady of the house; the boss's wife / *descendió* stepped down

felicitarme to congratulate me

dató dated

piso bajo main floor

embebidos absorbed

corto repertorio brief repertoire

en lo más mínimo in the least

cualquiera . . . impacientaba any discordant note annoyed her

asistió attended

al arrullo . . . adormecía was lulled to sleep by the music

acabó . . . ceremonias ended up by dispensing with formalities

lecho bed

uno que otro some

divertida amusing

me detuvo [preterite *detenerse*] stopped me / *a quemarropa* point-blank

¿ha notado . . . tristeza? are you aware of your sadness?

Parece preocupado He seems worried

—¿No es cierto? —dijo, clavándome sus ojos afiebrados.°

Y como hablando consigo:°

—Le roe el corazón y no puede quitárselo.° ¡Ah, Dios mío!

Me quedé perplejo° y debí haber permanecido mucho tiempo perplejo, hasta que su acento imperativo° me sacudió:°

—¿Qué hace usted así? ¡Toque, pues!°

Desde entonces pareció más preocupada y como disgustada° de mí. Se instalaba muy lejos,° en la sombra,° tal como si yo le causara° un profundo desagrado;° me hacía callar° para seguir mejor sus pensamientos.° Al volver a la realidad° y hallar la muda sumisión° de mis ojos a la espera de un mandato° suyo, se irritaba° sin causa.

—¿Qué hace usted así? ¡Toque, pues!

Otras veces me acusaba de apocado,° estimulándome a que le confiara° mi pasado y mis aventuras galantes;° según ella, yo no podía haber sido eternamente razonable,° y alababa con ironía° mi "reserva," o se retorcía en un acceso de incontenible hilaridad:° "San Borja, tímido y discreto."°

Bajo el fulgor ardiente° de sus ojos, yo me sentía enrojecer° más y más, por lo mismo que no perdía la conciencia de mi ridículo;° en todos los momentos de mi vida, mi calvicie° y mi obesidad° me han privado° de la necesaria presencia de espíritu,° ¡y quién sabe si no son la causa de mi fracaso!°

Transcurrió un año,° durante el cual sólo viví por las noches. . . . Un año breve como una larga noche.

Cierta ocasión en que estábamos solos, suspendido en mi música por un ademán° suyo, me dedi-

clavándome . . . afiebrados fixing [lit. nailing] me with her feverish
   eyes

consigo to herself
Le roe . . . *quitárselo* It feeds [lit. gnaws] on your heart and you
   can't get rid of it

perplejo perplexed

acento imperativo commanding tone of voice / *me sacudió* shook
   me up
¡Toque, pues! [imperative of *tocar*] Go ahead now and play!

disgustada displeased / *Se instalaba . . . lejos* She sat very far
   away
sombra darkness / *causara* [imperfect subjunctive *causar*] caused
   her
desagrado displeasure / *me hacía callar* she forced me to keep still
pensamientos thoughts / *Al volver . . . realidad* On coming back
   to reality
muda sumisión tacit submission
mandato command / *se irritaba* she became exasperated

apocado shy

le confiara [imperfect subjunctive *confiar*] to confide to her

aventuras galantes love exploits

razonable reasonable / *alababa con ironía* ironically praised

se retorcía . . . hilaridad writhed in a fit of irrepressible hilarity /
   "San . . . discreto" i.e. she makes fun of Borja's so-called purity
   and shyness by calling him "Saint Borja, timid and discreet"
fulgor ardiente fiery brilliance
enrojecer to turn red, to blush

mi ridículo my ridiculous situation

calvicie f. baldness / *obesidad* f. stoutness, obesity
me han privado have deprived me / *presencia de espíritu* presence
   of mind
fracaso failure

Transcurrió un año A year elapsed

ademán m. gesture

143

caba a adorarla,° creyéndola abstraída,° cuando de pronto° la vi dar un salto° y apagar° la luz.

Instintivamente me puse de pie,° pero en la oscuridad sentí° dos brazos que se enlazaban° a mi cuello° y el aliento entrecortado° de una boca que buscaba la mía.

Salí tambaleándome.° Ya en mi cuarto, abrí la ventana y en ella pasé la noche. Todo el aire me era insuficiente. El corazón quería salirse del pecho, lo sentía en la garganta,° ahogándome;° ¡qué noche!

Esperé la siguiente° con miedo.° Creíame juguete de un sueño.° El amo me reprendió un descuido,° y, aunque lo hizo delante del personal,° no sentí ira° ni vergüenza.°

En la noche él asistió a nuestra velada. Ella parecía profundamente abatida.°

Y pasó otro día sin que pudiéramos hallarnos solos; el tercero ocurrió, me precipité a sus plantas° para cubrir sus manos de besos y lágrimas de gratitud,° pero, altiva y desdeñosa, me rechazó° y con su tono más frío, me rogó que tocase.°

¡No, yo debí haber soñado mi dicha!° ¿Creerán que nunca, nunca más volví a rozar con mis labios ni el extremo de sus dedos?° La vez que, loco de pasión, quise hacer valer mis derechos de amante,° me ordenó salir en voz tan alta,° que temí que hubiese despertado al amo,° que dormía en el piso superior.°

¡Qué martirio!° Caminaron los meses,° y la melancolía de Clara parecía disiparse,° pero no su enojo.° ¿En qué podía haberla ofendido yo?°

Hasta que, por fin, una noche en que atravesaba la plaza con mi estuche bajo el brazo, el marido en persona me cerró el paso.° Parecía extraordinariamente agitado,° y mientras hablaba mantuvo su

me dedicaba a adorarla I was devoting myself to worshiping her /
    creyéndola abstraída believing her to be absorbed

de pronto suddenly / *dar un salto* jump / *apagar* put out, ex-
    tinguish

me puse de pie I stood up

sentí I felt / *se enlazaban* were intertwining

cuello neck / *aliento entrecortado* panting; out of breath

tambaleándome reeling, staggering

garganta throat / *ahogándome* choking me

la siguiente the following [night] / *miedo* fear

Creíame . . . sueño I considered myself a plaything in a dream /
    me reprendió un descuido scolded me for some oversight

lo hizo [preterite *hacer*] *. . . personal* he did it in front of the staff

ira wrath / *vergüenza* embarrassment

abatida downcast, depressed

me precipité a sus plantas I threw myself at her feet

lágrimas de gratitud tears of gratitude / *altiva . . . rechazó* haughty
    and scornful, she repulsed me

con su tono . . . tocase [imperfect subjunctive *tocar*] in her coldest
    tone [of voice] she begged me to play

dicha bliss, happiness

rozar . . . dedos to kiss [lit. to touch lightly with my lips] even the
    tips of her fingers

quise [preterite *querer*] *. . . amante* I wished to assert my rights as a
    lover

alta loud

que temí . . . amo that I feared that she might have awakened the
    boss

piso superior second floor

martirio martyrdom / *Caminaron los meses* Months went by

disiparse to vanish

enojo annoyance, anger / *¿En qué . . . yo?* What could I have done
    to offend her?

me cerró el paso blocked [obstructed] my way

agitado upset

mano sobre mi hombro con una familiaridad inquietante.°

—¡Nada de músicas!° —me dijo—. La señora no tiene propicios los nervios,° y hay que empezar a respetarle este y otros caprichos.°

Yo no comprendía.

—Sí, hombre. Venga usted al casino conmigo y brindaremos a la salud del futuro patroncito.°

Nació.° Desde mi bufete,° entre los gritos de la parturienta,° escuché° su primer vagido,° tan débil.° ¡Cómo me palpitaba el corazón!° ¡Mi hijo! Porque era mío. ¡No necesitaba ella decírmelo! ¡Mío! ¡Mío!

Yo, el solterón° solitario, el hombre que no había conocido nunca una familia, a quien nadie le hacía un favor sino por dinero, tenía ahora un hijo, ¡el de la mujer amada!°

¿Por qué no morí cuando él nacía? Sobre el tapete verde de mi escritorio° rompí a sollozar° tan fuerte, que la pantalla de la lámpara vibraba° y alguien que vino a consultarme algo se retiró en puntillas.°

Sólo un mes después fui llevado a presencia del heredero.°

Le tenía en sus rodillas° su madre, convaleciente,° y le mecía amorosamente.°

Me incliné, conmovido por la angustia,° y, temblando, con la punta de los dedos alcé la gasa° que lo cubría y pude verle; hubiese querido gritar: ¡hijo! pero, al levantar los ojos, encontré la mirada° de Clara, tranquila, casi irónica.°

"¡Cuidado!," me advertía.°

Y en voz alta:

—No le vaya usted a despertar.°

Su marido, que me acompañaba, la besó tras de la oreja delicadamente.

mantuvo [preterite *mantener*] . . *inquietante* he kept his hand on my shoulder with disquieting familiarity

¡Nada de músicas! No more music! Let's stop the music!

La señora . . . nervios My wife's nerves are on edge

caprichos whims, fancies

brindaremos . . . patroncito we shall drink a toast to the future boss's health

Nació. He was born. / *bufete* m. writing desk

gritos . . . parturienta the screaming from the woman giving birth / *escuché* I heard / *vagido* wailing cry

tan débil so weak / *¡Como! . . . corazón!* How my heart throbbed!

solterón m. old bachelor

amada beloved

tapete . . . escritorio green blotter [lit. table cover] on my desk / *rompí a sollozar* I burst out sobbing

la pantalla . . . vibraba the lampshade vibrated

se retiró en puntillas withdrew on tiptoe

a presencia del heredero before the heir

rodillas knees

convaleciente convalescent / *le mecía amorosamente* she swung him adoringly

Me . . . angustia I bent down, moved by anguish

alcé [preterite *alzar*] *la gasa* I lifted the veil [netting]

mirada glance, gaze / *tranquila, casi irónica* serene, almost ironical

¡Cuidado! . . . advertía Careful! she [seemed to] warn me

No . . . despertar Don't wake him up!

147

—Mucho has debido sufrir, ¡mi pobre enferma!°

—¡No lo sabes bien! —repuso° ella—; mas, ¡qué importa si te hice feliz!°

Y ya sin descanso,° estuve sometido° a la horrible expiación° de oir a aquel hombre llamar "su" hijo al mío, a "mi" hijo.

¡Imbécil! Tentado estuve entre mil veces de gritarle la verdad,° de hacerle reconocer mi superioridad sobre él, tan orgulloso y confiado;° pero, ¿y las consecuencias, sobre todo para el inocente?°

Callé,° y en silencio me dediqué° a amar con todas las fuerzas de mi alma a aquella criatura, mi carne y mi sangre,° que aprendería a llamar padre a un extraño.°

Entretanto,° la conducta° de Clara se hacía cada vez más oscura.° Las escenas musicales,° para qué decirlo, no volvieron a verificarse,° y, con cualquier pretexto,° ni siquiera me recibió en su casa las veces que fui.

Parecía obedecer a una resolución inquebrantable° y tuve que contentarme con ver a mi hijo cuando la niñera lo paseaba° en la plaza.

Entonces los dos, el marido y yo, le seguíamos desde la ventana de la oficina, y nuestras miradas, húmedas y gozosas,° se encontraban y se entendían.

Pero andando esos tres años memorables,° y a medida que el niño iba creciendo,° me fue más fácil verlo, pues el amo, cada vez más chocho,° lo llevaba al almacén y lo retenía° a su lado hasta que venían en su busca.°

Y en su busca vino Clara una mañana que yo lo tenía en brazos; nunca he visto arrebato semejante.° ¡Como leona que recobra su cachorro!° Lo que me dijo más bien me lo escupía° al rostro.

—¿Por qué lo besa usted de ese modo? ¿Qué pretende usted, canalla?°

148

Mucho . . . enferma! You must have suffered a lot, my poor patient!

repuso [preterite *responder*] replied

¡qué importa . . . feliz! What does it matter as long as I made you happy!

sin descanso unrelieved / *sometido* subjected

expiación f. atonement

Tentado . . . verdad I was tempted a thousand times to shout out the truth

orgulloso y confiado proud and self-confident

las consecuencias . . . inocente the ill effects [lit. consequences] it would have, especially on the innocent [child], if I were to tell the truth

Callé I kept silent / *me dediqué* [preterite *dedicarse*] I devoted myself

aquella criatura . . . sangre that baby [who was] my own flesh, my own blood

extraño stranger

Entretanto Meanwhile / *conducta* behavior

más oscura gloomier / *escenas musicales* music recitals

verificarse to take place

con cualquier pretexto under any pretext

resolución inquebrantable irrevocable decision

la niñera lo paseaba the nursemaid took him for a stroll

húmedas y gozosas moist and delighted

Pero . . . memorables But as these three memorable years elapsed

a medida . . . creciendo as the child grew up

chocho dotingly foolish

lo retenía kept him

busca search

arrebato semejante such a rage

¡Como . . . cachorro! Like a lioness recovering her cub!

escupía spat

¿Qué . . . canalla? What are you trying to do, you stinker?

149

A mi entender, estos temores, sobrepujaban a los otros,° y para no exasperarme demasiado,° lo dejaba acercarse;° pero otras veces lo acaparaba, como si yo pudiese hacerle algún daño.°

¡Mujer enigmática! Jamás he comprendido qué fui para ella: ¡capricho, juguete o instrumento!°

Así las cosas, de la noche a la mañana° llegó un extranjero, y medio día pasamos revisando libros y facturas.°

A la hora del almuerzo el patrón me comunicó que acababa de firmar una escritura por la cual transfería el almacén;° que estaba harto de negocios° y de vida provinciana, y probablemante volvería con su familia a la capital.

¿Para qué narrar las dolorosísimas presiones° de esos últimos años de mi vida? Harán por enero veinte años° y todavía me trastorna recordarlos.°

¡Dios mío! ¡Se iba cuanto yo había amado! ¡Un extraño se lo llevaba lejos para gozar de ello en paz! ¡Me despojaba de todo lo mío!°

Ante esa idea tuve en los labios la confesión del adulterio.° ¡Oh! ¡Destruir siquiera aquella feliz ignorancia en que viviría y moriría el ladrón!° ¡Dios me perdone!°

Se fueron. La última noche, por un capricho final, aquella que mató mi vida, pero que también le dio por un momento una intensidad a que yo no tenía derecho,° aquella mujer me hizo tocarle las tres piezas favoritas, y al concluir, me premió permitiéndome besar a mi hijo.

¡Se fueron! Ya en la estacioncita, donde acudí a despedirlos,° él me entregó° un pequeño paquete,° diciendo que la noche anterior° se le había olvidado.°

—Un recuerdo° —me repitió— para que no se olvide de nosotros.

A mi entender . . . otros   To my way of thinking, these fears out-
weighed all the others / *para no exasperarme demasiado*   in order
not to exasperate myself too much
lo dejaba acercarse   she allowed him to come close to me
lo acaparaba . . . daño   she held him close to her as though I could
have done him some harm

¡capricho, juguete o instrumento!   caprice, plaything or instrument!

de la noche a la mañana   unexpectedly

revisando . . . facturas   auditing books and invoices

acababa . . . almacén   had just signed a deed transferring the store

harto de negocios   fed up with business

dolorosísimas presiones   extremely painful pressures

Harán por enero veinte años   By January it will be twenty years /
todavía . . . recordarlos   it upsets me to this day to remember
them

¡Me despojaba . . . mío!   He was plundering me of all [that was]
mine!

tuve . . . adulterio   I was about to confess adultery
Destruir . . . ladrón   At least to destroy that blissful ignorance within
which the thief was to live and die
¡Dios me perdone!   May God pardon me!

una intensidad . . . derecho   an intensity to which I had no right

en la estacioncita . . . despedirlos   in the little railway station where
I went to bid them farewell / *entregó*   delivered / *paquete* m.
package
la noche anterior   the night before
se le había olvidado   he had forgotten

recuerdo   souvenir

151

—¿Dónde les escribo? —grité cuando ya el tren se ponía en movimiento,° y él, desde la plataforma del tren:°

—No sé. ¡Mandaremos la dirección!°

Parecía una consigna de reserva.° En la ventanilla° vi a mi hijo, con la nariz aplastada contra el cristal.° Detrás, su madre, de pie, grave, la vista perdida en el vacío.°

Me volví al almacén, que continuaba bajo la razón social,° sin ningún cambio aparente,° y oculté° el paquete, pero no lo abrí hasta la noche, en mi cuarto solitario.

Era una fotografía.

La misma que hoy me acompaña;° un retrato de Clara con su hijo en el regazo,° apretado contra su seno,° como para ocultarlo o defenderlo.

¡Y tan bien lo ha secuestrado a mi ternura,° que en veinte años, ni una sola vez he sabido de él; y probablemente no volveré a verlo en este mundo de Dios!

Si vive, debe ser un hombre ya. ¿Es feliz? Tal vez a mi lado su porvenir habría sido estrecho.° Se llama Pedro . . . Pedro y el apellido° del otro.

Cada noche tomo el retrato, lo beso, y en el reverso° leo la dedicatoria que escribieron por el niño.

"Pedro, a su amigo Borja."

—¡Su amigo Borja! . . . ¡Pedro se irá de la vida sin saber que haya existido tal amigo!

se ponía en movimiento   pulled out from the station

desde . . . tren   from the railway car's platform

¡Mandaremos la dirección!   We'll send you our address!

Parecía . . . reserva.   This seemed a secret sign.

ventanilla   window

nariz . . . cristal   his nose flattened on the windowpane

la vista . . . vacío   her gaze lost in empty space

que continuaba . . . social   which kept the old firm's name / *sin . . .
aparente*   without any noticeable change

oculté   I hid

La misma . . . acompaña   The very same one which today keeps me
company

regazo   lap

apretado contra su seno   hug tightly to her bosom

¡Y tan bien . . . ternura   And she has kidnapped [lit. sequestered]
him so utterly from my tenderness

habría sido estrecho   would have been narrow [restricted]

apellido   surname

en el reverso   on the back

EJERCICIO ORAL

1. ¿Cómo se llama el héroe de este cuento y qué edad tiene?
2. ¿Cómo se gana la vida?
3. ¿Dónde vive?
4. ¿Le gusta mucho la música? ¿Qué instrumento toca?
5. ¿Había asistido a algún conservatorio para estudiar música? ¿Cómo aprendió a tocar?
6. Explicar brevemente lo que pasó con Clara.
7. ¿Cuál fué el resultado de todo esto?
8. ¿Puede jugar Borja con Pedro?
9. ¿Por qué vendió el patrón el almacén?
10. ¿A dónde se va el patrón con su familia después de la venta?
11. ¿Qué hace Borja entonces?

EJERCICIO ESCRITO

1. Borja is a bachelor, very fat and bald-headed.
2. He has worked as a bookkeeper for forty years.
3. It is difficult for him to save any money.
4. The clock strikes seven but he does not feel tired.
5. If he is not too sleepy he will play the flute.
6. One night Clara jumped up and put out the light.

14 Lanchitas

No recuerdo° el día, el mes, ni el año del suceso.°
Sólo sé que se refería a la época de 1820 a 1830,
y no me cabe duda° que se trataba del principio°
de una noche oscura, fría y lluviosa como suelen
serlo las de invierno.° El Padre Lanzas—o "Lanchitas" como le llamaban en señal de cariño° o por
lo pequeño de su estatura°—tenía ajustada una
partida de tresillo° con algunos amigos suyos.
Terminados sus quehaceres° del día, iba del centro
de la ciudad a reunírseles° esa noche, cuando, a
corta distancia de la casa en que tenía lugar la
modesta tertulia,° alcanzóle una mujer del pueblo,°
ya entrada en años° y miserablemente vestida,
quien, besándole la mano,° le dijo:

—¡Padrecito! ¡Una confesión! Por amor de Dios,
véngase conmigo pues el caso no admite espera.°

Trató de informarse el Padre de si había o no
acudido previamente a la parroquia respectiva en
solicitud de los auxilios espirituales que se le
pedían,° pero la mujer, con frase breve y enérgica,
le contestó que el interesado pretendía que él precisamente le confesara,° y que si se malograba el
momento, pesaría sobre su conciencia.° El Padre
no dió más respuesta que echar a andar detrás° de
la vieja.

Born in Xalapa, Mexico, José María Roa Bárcena (1827-1908) is
remembered today as a gifted short-story writer and translator
especially of Byron's poetry. He was also the leader of the
Conservative Party and for a while held several distinguished posts

José María Roa Bárcena

recuerdo [present indicative *recordar*]   remember / *suceso*   event

no me cabe duda   there is no doubt [in my mind] / *se trataba del principio*   it was the beginning

lluviosa . . . invierno   rainy, as winter nights usually are

en señal de cariño   affectionately [lit. as a token of affection]

lo . . . estatura   his slight stature

tenía . . . tresillo   had arranged a game of cards [*tresillo,*   ombre]

Terminados sus quehaceres   His daily tasks having ended

reunírseles   to join them

tenía . . . tertulia   the modest gathering was taking place / *alcanzóle . . . pueblo*   a woman of the people caught up with him

ya . . . años   aged

besándole la mano   kissing his hand

véngase [imperative *venir*] *. . . espera*   come with me, for the case admits no delay

si había . . . pedían   whether or not she had previously gone to the proper parish in search of the spiritual aid that she asked of him

el interesado . . . confesara   the interested party that he himself be his confessor

si . . . conciencia   if time was lost, it would weigh heavily on his conscience

echar . . . detrás   to follow

during Emperor Maximilian's reign. His masterpiece, "Lanchitas," published in 1878, introduced the tale of suspense to Latin America—a type of mystery story reminiscent of Poe and the German Romantics.

Recorrieron en toda su longitud° una calle mal alumbrada y fangosa,° y de allí tomaron hacia el Norte, hasta torcer a mano derecha y detenerse° en una miserable casa del callejón del Padre Lecuona.° La puerta del cuartucho° estaba nada más que entornada,° y empujándola° simplemente, la mujer penetró en la habitación con el padre Lanzas. En un rincón° sobre una estera sucia,° estaba el paciente,° cubierto con una frazada;° a corta distancia, una vela° puesta sobre un jarro° en el suelo, daba su escasa luz° a toda la pieza,° enteramente desamueblada° y con las paredes llenas de telarañas.° Terrible era el desaseo y lobreguez° de aquella habitación, en que la voz humana parecía apagarse° antes de sonar, y cuyo piso de tierra° exhalaba el hedor° especial de los sitios que carecen de la menor° ventilación.

Cuando el Padre, tomando la vela, se acercó al paciente y levantó con suavidad la frazada que le ocultaba° por completo, descubrióse una cabeza huesosa.° Los ojos del hombre estaban cerrados y notablemente hundidos,° y la piel° de su rostro y de sus manos, cruzadas sobre el pecho, aparentaba la sequedad y rigidez de la de las momias.°

—¡Pero este hombre está muerto! —exclamó el Padre Lanzas dirigiéndose a la vieja.°

—Se va a confesar, Padrecito—respondió la mujer, quitándole la vela,° que fué a poner en el rincón más distante de la pieza, quedando casi a oscuras el resto de ella. Al mismo tiempo el hombre, como para demostrar la verdad de las palabras de la mujer, se incorporó,° y comenzó a recitar en voz cavernosa,° pero suficientemente inteligible, el *Confiteor Deo.*°

Al confesarse el penitente, se refería a fechas° tan remotas, que el Padre creyéndole difuso o

158

Recorrieron . . . longitud   They walked the whole length of a street

mal alumbrada y fangosa   poorly lighted and muddy

hasta torcer . . . derecha y detenerse   until turning right and stopping

calléjon Lecuona   Father Lecuona Alley / *cuartucho* [derogatory of *cuarto*]   miserable-looking room

entornada   half-closed / *empujándola*   pushing it

rincón m.   corner / *estera sucia*   dirty mat

paciente   patient; sick man / *cubierto con una frazada*   covered with a blanket

vela   candle / *jarro*   jug

escasa luz   scanty light / *pieza*   room

desamueblada   unfurnished

paredes . . . telarañas   walls covered with cobwebs

el desaseo y lobreguez   the filth and darkness

apagarse   to die down

piso de tierra   dirt floor / *hedor* m.   stench

carecen de la menor   lacking the least

que le ocultaba   that hid him

huesosa   bony

hundidos   sunken / *piel* f.   skin

aparentaba . . . momias   resembled the dryness and rigidity of mummies

dirigiéndose a la vieja   addressing the old woman

quitándole la vela   taking the candle away from him

se incorporó   sat up

cavernosa   cavernous

Confiteor Deo   a form of prayer in which public confession of sins is made

fechas   dates

159

divagado,° y comprendiendo que no había tiempo que perder, le excitó a concretarse° a lo que importaba. A poco el Padre comprendió que aquél se daba por muerto de muchos años atrás,° en circunstancias violentas° que no le habían permitido confesarse como había acostumbrado pedirlo diariamente a Dios, aun en el seno de los vicios, y quizá hasta del crimen.° Por permisión divina° lo hacía en aquel momento, viniendo de la eternidad° para volver a ella inmediatamente. Acostumbrado Lanzas, en el largo ejercicio de su ministerio, a los delirios y extravagancias° de los febricitantes° y de los locos, no puso atención a tales declaraciones, juzgándolas efecto del extravío de la razón° del enfermo. El Padre se contentó con exhortarle al arrepentimiento° y explicarle lo grave del trance,° y con absolverle bajo las condiciones necesarias, supuesta la perturbación mental° de que le consideraba dominado. Al pronunciar las últimas palabras del rezo,° notó que el hombre había vuelto a acostarse; que la vieja no estaba ya en el cuarto, y que la vela a punto de consumirse por completo, despedía sus últimas luces.° Llegando él a la puerta, que permanecía entornada,° quedó la pieza en profunda oscuridad; y, aunque al salir atrajo con suavidad la hoja entreabierta,° cerróse ésta de firme, como si de adentro la hubieran empujado.° El Padre, que contaba con hallar a la mujer afuera,° y con recomendarle el cuidado del moribundo° y de volver a llamarle a él mismo, aún a deshora,° si advertía que recobraba aquél la razón, desconcertóse al no verla.° Esperóla en vano durante algunos minutos; quiso volver a entrar, sin conseguirlo,° por haber quedado cerrada, la puerta; y, apretando en la calle la obscuridad y la lluvia,°

difuso o divagado   confused or rambling

le excitó a concretarse   urged him to concentrate

que aquél . . . atrás   that the patient considered himself as having died several years past
en circunstancias violentas   in violent circumstances

como . . . crimen   as he used to ask God daily, even in the midst [lit. in the bosom] of vice and perhaps even of crime / *Por permisión divina*   By divine permission
eternidad f.   eternity

delirios y extravagancias   delirium and irregularities / *los febricitantes*   the feverish

extravío de la razón   loss of reason

se contentó . . . arrepentimiento   was content to exhort him to repentance / *lo grave del trance*   the gravity of the situation

supuesta . . . mental   in view of the mental disturbance

rezo   prayer

a punto . . . luces   about to die down completely was giving off its last rays of light
entornada   partly open

atrajo [preterite *atraer*] *. . . entreabierta*   softly pulled the half-open door

cerróse . . . empujado   it closed firmly as if someone had pushed it from the inside
afuera   outside

moribundo   the dying man

aún a deshora   even at an inconvenient hour

desconcertóse al no verla   was disconcerted at not seeing her

sin conseguirlo   without success

apretando . . . lluvia   since the darkness and rain were increasing

161

decidióse, al fin, a alejarse,° proponiéndose efectuar, al siguiente día muy temprano, nueva visita.

Sus compañeros de tresillo le recibieron amistosa y cordialmente, aunque no sin reprocharle su tardanza.° La hora de la cita° había, en efecto, pasado ya con mucho,° y Lanzas, sabiéndolo o sospechándolo, había venido a prisa y estaba sudando.° Echó mano al bolsillo en busca del pañuelo para limpiarse la frente, y no lo halló.° No se trataba de un pañuelo cualquiera, sino de la obra acabadísima° de alguna de sus hijas espirituales, finísima batista con las iniciales° del Padre, primorosamente bordadas en blanco, entre laureles y trinitarias.° Sin perder tiempo, Lanzas llamó al criado, le dió las señas° de la habitación en que seguramente había dejado el pañuelo, y le despachó en su busca,° satisfecho de que se le presentara así ocasión de tener noticias del enfermo,° y de aplacar la inquietud° en que él mismo había quedado. Y con la fruición° que produce en una noche fría y lluviosa, llegar de la calle a una pieza abrigada y bien alumbrada,° y hallarse en amistosa compañía cerca de una mesa espaciosa, a punto de comenzar el juego que por más de veinte años le ha entretenido una o dos horas cada noche, repantigóse Lanzas en un sillón.° Encendió° un buen cigarro, y arrojando bocanadas de humo aromático al colocar sus cartas en la mano izquierda° en forma de abanico, y como si no hiciera más que confirmar en voz alta el hilo de sus reflexiones° relativas al penitente a quien acababa de oír, dijo a sus compañeros de tresillo:

—¿Han leído ustedes la comedia de don Pedro Calderón de la Barca intitulada "La devoción de la Cruz?" °

Alguno de los comensales° la conocía, y recordó

162

alejarse to go away

aunque . . . tardanza though not without scolding him for the delay /
   cita appointment
pasado . . . mucho was long past

había venido . . . sudando had hurried and was perspiring
Echó . . . halló He put his hand into his pocket for his handkerchief
   to wipe off his brow, but did not find it

obra acabadísima finished masterpiece

finísima . . . iniciales a very fine cambric with the initials

primorosamente . . . trinitarias exquisitely embroidered in white
   amid laurels and pansies
las señas the whereabouts, the address

le despachó en su busca sent him in search of it
satisfecho . . . enfermo satisfied that he would have news of the sick
   man
aplacar la inquietud to relieve himself of a certain restiveness

fruición enjoyment

abrigada y bien alumbrada sheltered and well lighted

repantigóse . . . sillón Lanzas sprawled out in an arm chair / *En-*
   cendió He lit

arrojando . . . izquierda blowing mouthfuls of aromatic smoke as he
   arranged his cards fan-shaped in his left hand

el hilo de sus reflexiones the thread of his thoughts

intitulada "La devoción de la Cruz" entitled "The Devotion of the
   Cross" [an outstanding religious play by the great Spanish drama-
   tist of the Golden Age, Pedro Calderón de la Barca (1600-1681)]
comensales table companions

163

las principales peripecias del galán noble y valiente, al par que corrompido, especie de Tenorio de su época,° que, muerto a hierro,° obtiene por efecto de su constante devoción a la sagrada insignia del cristianismo,° el raro privilegio de confesarse momentos u° horas después de haber cesado de vivir. Recordado lo cual,° Lanzas prosiguió diciendo, en tono entre grave y festivo:°

—No se puede negar que el pensamiento del drama de Calderón es altamente religioso, no obstante que° algunas de sus escenas causarían positivo escándalo° hasta en estos tristes días. Mas, para que se vea que las obras de imaginación suelen causar daño efectivo aun con lo poco de bueno que contengan,° les diré que acabo de confesar a un infeliz que no pasó de artesano en sus buenos tiempos; que apenas sabía leer;° y que, indudablemente, había leído o visto "La devoción de la Cruz," puesto que, en las divagaciones de su razón, creía reproducido en sí mismo el milagro del drama° . . .

—¿Comó? ¿Cómo?—exclamaron los comensales de Lanzas, mostrando repentino° interés.

—Como ustedes lo oyen, amigos míos. Uno de los mayores obstáculos con que, en los tiempos de ilustración° que corren, se tropieza en el confesionario,° es el deplorable efecto de las lecturas,° aun de aquellas que a primera vista no es posible calificar de nocivas.° Ninguno tan preocupado ni porfiado° como mi último penitente; loco, loco de remate.° ¡Lástima de alma, que a vueltas de un verdadero arrepentimiento, se está en sus trece de que hace quién sabe cuántos años dejó el mundo,° y que por altos juicios de Dios°. . . ¡Vamos, lo del protagonista del drama!°

En estos momentos se presentó el criado de la

164

principales . . . época the main incidents of the noble and brave as well as corrupt hero, a kind of Don Juan [Tenorio] of his times / *muerto a hierro* stabbed to death

sagrada . . . cristianismo the sacred insignia of Christianity, i.e., the Holy Cross
u u instead of o before accented o or ho

Recordado lo cual After this was recalled

en tono . . . festivo in a grave yet festive tone

no obstante que in spite of the fact that

positivo escándalo a real scandal

suelen . . . contengan [present subjunctive *contener*] usually cause real harm with what little good they contain

un infeliz . . . leer an unfortunate wretch who was no more than a laborer at best, who could hardly read

puesto que . . . drama since the wanderings of his reason, he thought the miracle of the drama reproduced in himself

repentino sudden

tiempos de ilustración enlightened times
se tropieza . . . confesionario one stumbles in the confessional /de *las lecturas* of reading

a primera . . . nocivas which at first sight cannot be classified as harmful
Ninguno . . . porfiado No one as worried and obstinate

loco de remate raving mad

se está . . . mundo persists in the opinion that he left the world I do not know how many years ago
altos . . . Dios [by the] high judgment of God

lo . . . drama just like the main character in the play

165

casa, diciendo al Padre que en vano había llamado durante media hora en la puerta de la casa; habiéndose acercado al fin, el sereno,° a avisarle caritativamente° que la tal pieza y las contiguas° llevaban mucho tiempo de estar vacías,° lo cual le constaba perfectamente, por razón de su oficio° y de vivir en la misma calle.

Con extrañeza° oyó esto el Padre; y los comensales° que, según he dicho, habían ya tomado interés en su aventura, dirigiéronle nuevas preguntas, mirándose unos a otros. Daba la casualidad° de hallarse entre ellos nada menos que el dueño de aquellas casas, quien declaró que, efectivamente, así estas como la otra llevaban cuatro años de vacías y cerradas, a consecuencia de estar pendiente en los tribunales un pleito en que se le disputaba su derecho de propiedad,° y no haber querido él, entretanto,° hacer las reparaciones indispensables para arrendarla.° Indudablemente Lanzas se había equivocado respecto de la localidad° por él visitada, y cuyas señas, sin embargo, correspondían con toda exactitud a la casa cerrada y en pleito;° a menos que, a excusas del propietario,° se hubiera cometido el abuso de abrir y ocupar la casa defraudándole su renta.° Interesados igualmente aunque por motivos diversos, el dueño de la casa y el Padre, en salir de dudas, convinieron° esa noche en reunirse al otro día temprano, para ir juntos a reconocer° la casa.

Aun no eran las ocho de la mañana siguiente, cuando llegaron a su puerta, no sólo bien cerrada, sino mostrando entre las hojas y el marco y en el ojo de la llave, telarañas y polvo° que daban la seguridad material° de no haber sido abierta en algunos años. El propietario llamó sobre esto la atención del Padre,° quien retrocedió hasta el

sereno nightwatchman

a . . . caritativamente to warn him charitably / *las contiguas* the adjoining [rooms]

vacías empty

lo cual . . . oficio this he knew perfectly well because of his job

Con extrañeza With surprise

comensales table companions

Daba la casualidad It so happened by chance

a consecuencia . . . propiedad because of a lawsuit pending in court against him that challenged his right of ownership

entretanto in the meantime

hacer . . . arrendarla to make the necessary repairs to rent it

localidad f. location

correspondían . . . pleito corresponded exactly to the locked and contested house

a excusas del propietario unknown to the owner

defraudándole su renta depriving him of the rent

convinieron [preterite *convenir*] they agreed

reconocer to explore

entre las hojas . . . polvo between the leaves of the door and frame and the keyhole, cobwebs and dust

seguridad material concrete proof

llamó . . . Padre called the attention of the priest to this

167

principio del callejón,° volviendo a recorrer cuidadosamente, y guiándose por sus recuerdos° de la noche anterior, la distancia que mediaba desde la esquina hasta el cuartucho,° a cuya puerta se detuvo° nuevamente, asegurando con toda formalidad° ser la misma por donde había entrado a confesar al enfermo, a menos que, como éste, no hubiera perdido el juicio.° A creerlo así se iba inclinando el propietario, al ver la inquietud y hasta la angustia° con que Lanzas examinaba la puerta y la calle, ratificándose° en sus afirmaciones y suplicándole hiciese abrir la casa a fin de registrarla por dentro.°

Llevaron allí un manojo de llaves viejas, y mohosas,° y probando° algunas, después de haber sido necesario desembarazar de tierra y telarañas, por medio de un clavo, el agujero de la cerradura,° se abrió al fin la puerta, saliendo por ella el aire malsano° que Lanzas había aspirado° allí la noche anterior. Penetraron en el cuarto nuestro clérigo° y el dueño de la casa, y a pesar de su oscuridad, pudieron notar, desde luego,° que estaba enteramente deshabitada y sin muebles ni rastro alguno de inquilinos.° Disponíase el dueño a salir,° invitando a Lanzas a seguirle o precederle, cuando éste, renuente° a convencerse de que había simplemente soñado lo de la confesión, se dirigió al ángulo° del cuarto en que recordaba haber estado el enfermo, y halló en el suelo y cerca del rincón, su pañuelo, que la escasísima° luz de la pieza no le había dejado ver antes. Recogiólo° con profunda ansiedad,° y corrió hacia la puerta para examinarlo a toda la claridad del día. Era el suyo, y las marcas bordadas no le dejaban duda alguna.° Inundados en sudor su semblante° y sus manos, clavó° en el propietario de la casa los ojos, que el terror parecía

quien . . . callejón   who went to the opening of the alley

guiándose . . . recuerdos   guiding himself by his memories

la distancia . . . cuartucho   the distance from the corner to the wretched little room

se detuvo [preterite *detenerse*]   he stopped

asegurando . . . formalidad   assuring in all seriousness

a menos que . . . juicio   unless, like the latter, he, too, might have lost his reason

la inquietud . . . angustia   the uneasiness and even the anguish

ratificándose   insisting

suplicándole . . . dentro   begging to have the house opened in order to search inside

manojo . . . mohosas   a bunch of old, rusty keys / *probando*   trying

desembarazar . . . cerradura   to get rid of the dirt and cobwebs in the keyhole by means of a nail

malsano   unhealthy / *aspirado*   inhaled

clérigo   clergyman

desde luego   immediately

deshabitada . . . inquilinos   uninhabited and unfurnished and with no trace whatever of tenants / *Disponíase . . . salir*   The owner was getting ready to leave

renuente   reluctant

ángulo   corner

escasísima   very scanty

Recogiólo   He picked it up

ansiedad f.   anxiety

marcas . . . alguna   embroidered monogram left no doubt about it

Inundados . . . semblante   Bathed his face in perspiration / *clavó* fixed

hacer salir de sus órbitas;° se guardó el pañuelo en el bolsillo, descubrióse la cabeza, y salió a la calle con el sombrero en la mano, delante del propietario, quien, después de haber cerrado la puerta y entregado a su dependiente° el manojo de llaves, echó a andar° al lado del Padre preguntándole con cierta impaciencia:

—Pero, ¿y cómo se explica usted lo acaecido?°

Lanzas le vió con extrañeza,° como si no hubiera comprendido la pregunta; y siguió caminando con la cabeza descubierta y no se la volvió a cubrir desde aquel punto.° Cuando alguien le interrogaba sobre semejante rareza,° contestaba con risa como de idiota,° y llevándose la diestra al bolsillo, para cerciorarse de que tenía consigo el pañuelo.° Con infatigable° constancia siguió desempeñando las tareas más modestas del ministerio sacerdotal,° dando señalada preferencia° a las que más en contacto le ponían con los pobres y los niños, a quienes mucho se asemejaba° en sus conversaciones y en sus gustos.° Jamás se le vió volver a dar el menor indicio de enojo° o de impaciencia; y si en las calles era casual o intencionalmente atropellado o vejado,° continuaba su camino con la vista° en el suelo y moviendo sus labios como si orara.°

Diré, por vía de apéndice,° que poco después de su muerte, al reconstruir alguna de las casas del callejón del Padre Lecuona, extrajeron del muro más grueso° de una pieza, el esqueleto° de un hombre que parecía haber sido emparedado° mucho tiempo antes, y a cuyo esqueleto se dió sepultura con las debidas formalidades.°

el terror . . . órbitas terror seemed to make [his eyes] pop out of their sockets

entregado a su dependiente delivered to his clerk

echó a andar began to walk

lo acaecido what has happened

con extrañeza with surprise

desde aquel punto from that time on

sobre . . . rareza about such oddity

con risa . . . idiota with the laugh of an idiot

llevándose . . . pañuelo putting his right hand in his pocket to make sure he had the handkerchief with him

infatigable untiring

siguió . . . sacerdotal he continued performing the most modest tasks of the priestly ministry

señalada preferencia marked preference

se asemejaba he resembled

gustos tastes

el menor . . . enojo the least trace of anger

casual . . . vejado accidentally or on purpose bumped or abused / *vista* i.e. eyes

como si orara as if he were praying

por vía de apéndice as [lit. by way of] an epilogue

extrajeron . . . grueso they extracted from the thickest wall / *esqueleto* skeleton

emparedado shut between the walls

se dió . . . formalidades was buried with all due formalities

EJERCICIO ORAL

1. ¿Quién interrumpió al Padre Lanzas cuando iba a jugar tresillo con sus amigos?
2. ¿Adónde tuvo que ir entonces?
3. ¿Qué descubrió al llegar allí?
4. ¿Qué se le perdió a Lanzas? ¿Por qué lo apreciaba tanto?
5. ¿A quién mandó a buscar su pañuelo y cual fué el resultado de dicha misión?
6. ¿Qué comedia menciona Lanzas y por qué?
7. ¿Con quién y por qué regresó Lanzas al día siguiente a la casa misteriosa?
8. ¿Encontraron allí al penitente? ¿Qué había allí?
9. ¿Encontró Lanzas su pañuelo?
10. ¿Qué le sucedió a Lanzas finalmente?

EJERCICIO ESCRITO

1. It was a cold and rainy night, as winter nights usually are.
2. His tasks of the day having ended, Father Lanzas was going to play cards with some friends of his.
3. He walked with the old woman through a poorly lighted and muddy street.
4. The eyes of the man were closed and his hands were crossed over his chest.
5. Father Lanzas exclaimed: "This man is dead!"
6. Father Lanzas paid little attention to the confession of the penitent for he thought that that man had lost his reason.
7. Lanzas' friends received him in a friendly manner but scolded him for the delay.
8. He and a friend visited the place again very early the next day.
9. The door was locked, and when it was finally opened the room was completely deserted.
10. Father Lanzas picked up his handkerchief with great anxiety and ran toward the door to examine the handkerchief in the light of day.

15 La forma de la espada

Le cruzaba la cara una cicatriz rencorosa:° un arco ceniciento° y casi perfecto que de un lado ajaba la sien° y del otro el pómulo.° Su nombre verdadero no importa; todos en Tacuarembó° le decían el Inglés° de *La Colorada.*° El dueño de esos campos, Cardoso, no quería vender; he oído que el Inglés recurrió a un imprevisible argumento;° le confió la historia secreta de la cicatriz. El Inglés venía de la frontera, de Río Grande del Sur;° decían que en el Brasil había sido contrabandista.° Los campos estaban empastados;° las aguadas, amargas;° el Inglés, para corregir esas deficiencias,° trabajó a la par de° sus peones. Dicen que era severo hasta la crueldad,° pero escrupulosamente justo. Dicen también que era bebedor:° un par° de veces al año se encerraba en su cuarto del mirador y emergía a los dos o tres días como de una batalla o de un vértigo,° pálido, trémulo, azorado° y tan autoritario como antes. Recuerdo los ojos glaciales, la enérgica flacura,° el bigote° gris. No se daba con nadie:° es verdad que su español era rudimental.° Fuera de° alguna carta comercial o de algún folleto,° no recibía correspondencia.°

La última vez que recorrí° los departamentos del Norte, una crecida del arroyo Caraguatá° me

---

The reputation of Jorge Luis Borges (b. 1899) as an original, imaginative writer is no longer confined to his native Argentina: his works are now available in ten or twelve languages. Often

Le cruzaba . . . rencorosa   Across his face ran an angry scar

arco ceniciento   ash-colored arc

ajaba la sien   disfigured the temple / *pómulo*   cheekbone

Tacuarembó   a city in northern Uruguay, not far from the Brazilian frontier

le decían el Inglés   called him "the Englishman" / *La Colorada* name of a ranch.

recurrió . . . argumento   resorted to an unforeseeable stratagem

Río Grande del Sur   Rio Grande do Sul, the southernmost state in Brazil. It marks the dividing line between "civilization" and the world of the gaucho

contrabandista   smuggler

empastados   overgrown with weeds / *las aguadas, amargas*   the sources [of drinking water], acrid

corregir esas deficiencias   to correct these drawbacks

a la par de   as much as

severo . . . crueldad   harsh to the point of cruelty

bebedor   a heavy drinker / *un par*   a couple

vértigo   daze / *azorado*   scared

flacura   leanness / *bigote*   mustache

No . . . nadie   He did not associate with anyone / *rudimental*   rudimentary

Fuera de   Except for

folleto   folder, circular / *correspondencia*   mail

recorrí   traveled through

crecida del arroyo Caraguatá   a flooding of the Caraguatá, a stream in Tacuarembó province, Uruguay

Borges' symbolic settings are reminiscent of Kafka's. In "La forma de la espada" [The Shape of the Sword], he tells a suspenseful yarn in really masterful Spanish.

obligó a hacer noche° en *La Colorada*. A los pocos minutos creí notar que mi aparición era inoportuna; procuré congraciarme° con el Inglés: acudí a la menos perspicaz de las pasiones:° al patriotismo. Dije que era invencible un país con el espíritu de Inglaterra.° Mi interlocutor asintió,° pero agregó° con una sonrisa que él no era inglés. Era irlandés,° de Dungarvan.° Dicho esto, se detuvo, como si hubiera revelado un secreto.°

Salimos, después de comer, a mirar el cielo. Había escampado,° pero detrás de las cuchillas del Sur, agrietado y rayado de relámpagos, urdía otra tormenta.° En el desmantelado comedor,° el peón que había servido la cena trajo una botella de ron. Bebimos largamente, en silencio.

No sé qué hora sería cuando advertí que yo estaba borracho;° no sé qué inspiración o qué exultación o qué tedio° me hizo mentar° la cicatriz. La cara del Inglés se demudó;° durante unos segundos pensé que me iba a expulsar de la casa. Al fin me dijo con su voz habitual:—Le contaré la historia de mi herida° bajo una condición: la de no mitigar ningún oprobio, ninguna infamia.°

Asentí.° Esta es la historia que contó, alternando° el inglés con el español, y aun con el portugués:

"Hacia 1922, en una de las ciudades de Connaught,° yo era uno de los muchos que conspiraban por la independencia de Irlanda.° De mis compañeros, algunos sobreviven° dedicados a tareas pacíficas; otros, paradójicamente, se baten° en los mares o en el desierto, bajo los colores ingleses;° otro, el que más valía, murió en el patio de un cuartel,° en el alba, fusilado° por hombres llenos de sueño; otros (no los más desdichados),° dieron

hacer noche to spend the night

procuré congraciarme I tried to ingratiate myself

acudí . . . pasiones I resorted to the least perspicacious of passions

Inglaterra England / *asintió* agreed / *agregó* added

irlandés Irish

Dungarvan a town in southern Ireland

Dicho . . . secreto. Having said this, he stopped short, as if he had disclosed a secret.

Había escampado It had stopped raining

detrás . . . tormenta back of the Southern hills, cracked and streaked with flashes of lightning, another storm was brewing / *desmantelado comedor* shabby dining room

advertí . . . borracho I noticed that I was drunk

tedio boredom / *mentar* to mention

se demudó altered

herida wound

la de no . . . infamia that you will spare me no shame, no infamy

Asentí I agreed

alternando mixing

Connaught province in western Ireland

por la independencia de Irlanda for Irish independence. The war for Irish independence was fought from 1917 to 1921. In 1921 the Irish Free State became a dominion of the British Commonwealth. A civil war then broke out which lasted until 1922. In 1949 Eire declared its absolute independence.

sobreviven survive

se baten are fighting

bajo . . . ingleses under the English flag

cuartel m. barracks / *en el alba, fusilado* at dawn, shot down by a firing squad

desdichados unfortunate

con su destino en las anónimas y casi secretas batallas° de la guerra civil. Éramos republicanos, católicos; éramos, lo sospecho,° románticos. Irlanda no sólo era para nosotros el porvenir utópico° y el intolerable presente; era una amarga y cariñosa mitología, era las torres circulares y las ciénagas rojas,° era el repudio de Parnell° y las enormes epopeyas° que cantan el robo de toros que en otra encarnación° fueron héroes y en otras peces y montañas . . . En un atardecer° que no olvidaré, nos llegó un afiliado de Munster:° un tal° John Vincent Moon.

Tenía escasamente veinte años. Era flaco y fofo a la vez;° daba la incómoda° impresión de ser invertebrado.° Había cursado° con fervor y con vanidad casi todas las páginas de no sé qué manual comunista;° el materialismo dialéctico le servía para cegar° cualquier discusión. Las razones que puede tener el hombre para abominar° de otro o para quererlo son infinitas: Moon reducía la historia universal° a un sórdido conflicto económico. Afirmaba que la revolución está predestinada° a triunfar. Yo le dije que a un *gentleman* sólo pueden interesarle las causas perdidas°. . . Ya era de noche; seguimos disintiendo° en el corredor, en las escaleras, luego en las vagas calles.

Cuando arribamos a las últimas casas, un brusco tiroteo nos aturdió.° (Antes o despúes orillamos la pared de una fábrica o de un cuartel.)° Nos internamos en una calle de tierra;° un soldado, enorme en el resplandor,° surgió de una cabaña incendiada.° A gritos nos mandó que nos detuviéramos. Yo apresuré mis pasos;° mi camarada no me siguió. Me di vuelta:° John Vincent Moon estaba inmóvil, fascinado y como eternizado por el terror.° Entonces yo volví, derribé de un golpe al soldado,

dieron . . . batallas met their destiny in the anonymous and almost secret battles

lo sospecho I suspect

el porvenir utópico the Utopian future

torres . . . rojas circular towers and red marshes / *repudio de Parnell* the repudiation of Charles Stewart Parnell (1846-1891), chief of the resistance against the English landlords. One of the most energetic defenders of the policy of Irish Home Rule. As a member of the House of Commons, he compromised with Gladstone on Irish Agrarian Reform
epopeyas epic poems
encarnación incarnation
atardecer evening
afiliado de Munster a party member from Munster, a province in western Ireland / *un tal* a certain

flaco . . . vez both skinny and soft / *incómoda* uncomfortable

invertebrado spineless / *Había cursado . . .* He had studied

de no sé . . . comunista in some Communist handbook or other

cegar to stop off

abominar to loathe, to hate

historia universal world history

predestinada predestined

las causas perdidas lost causes

seguimos disintiendo we went on arguing

un brusco . . . aturdió a sudden sound of gun shots [firing] stunned us
orillamos . . . cuartel we walked along the wall of a factory or barracks
Nos internamos . . . tierra We turned into an unpaved street

resplandor m. glare

surgió . . . incendiada ran out of a burning hut

apresuré mis pasos hurried on

Me di vuelta I turned around

eternizado por el terror paralyzed by terror

179

sacudí° a Vincent Moon, lo insulté y le ordené que me siguiera. Tuve que tomarlo del brazo; el miedo lo invalidaba.° Huimos, entre la noche agujereada de incendios.° Una descarga de fusilería nos buscó;° una bala rozó° el hombro derecho de Moon; éste, mientras huíamos entre pinos, prorrumpió en un débil sollozo.°

En aquel otoño de 1922 yo me había guarecido° en la quinta° del general Berkeley. Éste (a quien yo jamás había visto) desempeñaba° entonces no sé qué cargo° administrativo en Bengala;° el edificio tenía menos de un siglo, pero era desmedrado y opaco y abundaba en corredores y antecámaras.° El museo y la enorme biblioteca usurpaban la planta baja.° Entramos (creo recordar) por los fondos.° Moon, trémula y reseca la boca,° murmuró que los episodios de la noche eran interesantes; le hice una curación,° le traje una taza de té; pude comprobar que su "herida" era superficial. De pronto balbuceó con perplejidad:°

—Pero usted se ha arriesgado sensiblemente.°

—No se preocupe°—le dije. (El hábito de la guerra civil me había impelido a obrar° como obré; además, la prisión° de un solo afiliado podía comprometer° nuestra causa.)

Al otro día Moon había recuperado su aplomo.° Aceptó un cigarrillo y me sometió a un severo interrogatorio° sobre los "recursos económicos de nuestro partido revolucionario." Sus preguntas eran muy lúcidas; le dije (con verdad) que la situación era grave. Descargas de fusilería conmovieron el Sur.° Le dije a Moon que nos esperaban los compañeros. Mi sobretodo° y mi revólver estaban en mi pieza;° cuando volví, encontré a Moon tendido° en el sofá, con los ojos cerrados. Conjeturó que

derribé . . . sacudí I knocked the soldier down with a blow, shook

el miedo lo invalidaba fear rendered him helpless
Huimos . . . incendios We fled into the night riddled with fires /
    Una descarga . . . buscó A volley of rifles sought us out
rozó grazed

prorrumpió . . . sollozo uttered a weak sob

yo . . . guarecido I had found shelter

quinta villa

desempeñaba was carrying out

cargo assignment / *Bengala* Bengal, a province in colonial India,
    now divided between India and Pakistan

el edificio . . . antecámaras the building was less than a century old,
    but dilapidated and dark, with many corridors and halls

usurpaban . . . baja took up the entire ground floor
por los fondos by the back door / *trémula . . . boca* his mouth
    quivering and dry

le hice una curación I gave him first aid

balbuceó . . . perplejidad he stammered perplexedly
Pero . . . sensiblemente But you have taken an awful risk!
No se preocupe Don't worry [about it]

obrar to act

prisión f. imprisonment

comprometer to jeopardize

había recuperado su aplomo had recovered his composure

me sometió . . . interrogatorio subjected me to a severe questioning

Descargas . . . Sur Rifle shots disturbed the South
sobretodo overcoat
pieza room / *tendido* stretched out

181

tenía fiebre; invocó un doloroso espasmo en el hombro.°

Entonces comprendí que su cobardía era irreparable.° Le rogué torpemente que se cuidara y me despedí.° Me abochornaba ese hombre con miedo, como si yo fuera el cobarde,° no Vincent Moon.

Nueve días pasamos en la enorme casa del general. De las agonías y luces° de la guerra no diré nada: mi propósito es referir° la historia de esta cicatriz que me afrenta.° Esos nueve días, en mi recuerdo,° forman un solo día, salvo° el penúltimo,° cuando los nuestros irrumpieron en° un cuartel y pudimos vengar° exactamente a los dieciséis camaradas que fueron ametrallados° en Elphin.° Yo me escurría° de la casa hacia el alba.° Al anochecer estaba de vuelta.° Mi compañero me esperaba en el primer piso:° la herida no le permitía descender a la planta baja.° Lo rememoro° con algun libro de estrategia° en la mano. "El arma que prefiero es la artillería," me confesó una noche. Inquiría nuestros planes; le gustaba censurarlos o reformarlos.° También solía denunciar "nuestra deplorable base económica"; profetizaba, dogmático y sombrió, el ruinoso fin. *C'est une affaire flambée,*° murmuraba. Para mostrar que le era indiferente ser un cobarde físico, magnificaba su soberbia mental.° Así pasaron, bien o mal, nueve días.

El décimo la ciudad cayó definitivamente en poder de los *Black and Tans*.° Altos jinetes° silenciosos patrullaban° las rutas; había cenizas y humo° en el viento; en una esquina vi tirado un cadáver.° Yo había salido al amanecer; antes del mediodía volví. Moon, en la biblioteca, hablaba con alguien; el tono de la voz me hizo comprender que hablaba por teléfono. Después oí mi nombre; después que

Conjeturó . . . hombro He surmised he had a fever; he mentioned a painful spasm in his shoulder

irreparable incurable

Le rogué . . . despedí I rudely begged him to take care of himself, and left

Me . . . cobarde I was ashamed of this frightened man, as if I were the coward

luces f.pl. glories

referir to tell

que me afrenta which affronts me

en mi recuerdo in my recollection / *salvo* except / *el penúltimo* the next to the last

irrumpieron en burst into

vengar to avenge

ametrallados machine-gunned / *Elphin* village in Ireland

me escurría sneaked away / *hacia el alba* around dawn

Al anochecer . . . vuelta. By nightfall I was back.

primer piso upstairs

planta baja ground floor / *Lo rememoro* I remember him

libro de estrategia book on strategy

Inquiría . . . reformarlos He would inquire about our plans: he liked to criticize or alter them

C'est une affaire flambée It's a lost cause

Para . . . mental To show that he was unperturbed about being a physical coward, he magnified his mental pride

Black and Tans the name applied to the British troops by the Irish patriots fighting against them / *jinetes* horsemen

patrullaban patrolled / *cenizas y humo* ashes and smoke

vi tirado un cadáver I saw a corpse stretched out

yo regresaría a las siete; después la indicación° de que me arrestaran cuando yo atravesara el jardín. Mi razonable amigo estaba razonablemente vendiéndome. Le oí exigir unas garantías de seguridad personal.°

Aquí mi historia se confunde y se pierde.° Sé que perseguí al delator° a través de negros corredores de pesadilla° y de hondas escaleras.° Moon conocía la casa muy bien, harto mejor que yo.° Una o dos veces lo perdí. Lo acorralé° antes de que los soldados me detuvieran.° De una de las panoplias° del general arranqué un alfanje;° con esa media luna de acero° le rubriqué en la cara,° para siempre, una media luna de sangre. Borges: a usted que es un desconocido, le he hecho esta confesión. No me duele tanto su menosprecio."°

Aquí el narrador se detuvo. Noté que le temblaban las manos.

—¿Y Moon?—le interrogué.

—Cobró los dineros de Judas y huyó° al Brasil. Aguardé en vano la continuación de la historia. Al fin le mandé proseguir.°

Entonces un gemido lo atravesó;° entonces me mostró con débil dulzura la corva cicatriz blanquecina.°

—¿Usted no me cree?—balbuceó.° ¿No ve que llevo escrita en la cara la marca de mi infamia? Le he narrado la historia de este modo para que usted la oyera hasta el fin.°

—Yo he denunciado al hombre que me amparó:° yo soy Vincent Moon. ¡Ahora desprécieme!°

indicación f. instructions

Le oí . . . personal I heard him demand [some] guarantees for his
   personal safety

se confunde . . . pierde becomes confused and trails off

perseguí al delator I pursued the informer

pesadilla nightmare / *hondas escaleras* steep stairs

harto mejor que yo very much better than I

Lo acorralé I cornered him

me detuvieran [imperfect subjunctive *detener*] arrested me

panoplias wall trophies / *arranqué un alfanje* I grabbed a cutlass
media luna de acero half moon of steel / *le rubriqué en la cara* I
   marked in his face

No me . . . menosprecio Your contempt does not hurt me as much

Cobró . . . huyó He took Judas money and fled

mandé proseguir I ordered him to go on
un gemido lo atravesó a moan went through him

la corva . . . blanquecina the curved whitish scar
balbuceó he stammered

para . . . fin so that you would listen to it to the end
Yo . . . amparó I denounced the man who had given me shelter
desprécieme despise me

185

EJERCICIO ORAL

1. Describir al "Inglés" y decir de dónde había venido.
2. ¿Qué hacía en el 1922?
3. ¿Cómo era Moon?
4. ¿Qué ideas políticas tenía?
5. Describir la residencia del general Berkeley.
6. ¿Cómo descubrió el narrador la cobardía de su compañero?
7. ¿Por qué se fué Moon al Brasil?
8. Explicar el origen de esa cicatriz que lleva en la cara.
9. ¿Ha leído Vd. una novela, o visto una película, titulada *The Informer*? ¿De qué trata?
10. ¿Triunfaron los revolucionarios? ¿Es Irlanda una república?

EJERCICIO ESCRITO

1. John Vincent Moon had a scar on his face; it looked like a half moon.
2. He used to live in Brazil and was a heavy drinker.
3. Although he was born in Ireland people thought he was an Englishman.
4. He was one of the many who were conspiring for Irish independence.
5. At the time of the war he was scarcely twenty.

Vocabulary°

abajo down, below; *de arriba abajo* from top to bottom; *hacia abajo* downward; *venirse abajo* to fall, to bring down

abandonar to leave; to give up; to leave behind

abanico fan

abatido, a downcast, depressed

abierto, a open; opened

abismal abysmal

abochornarse to be ashamed

abominable abominable

abominar to hate

abrasador, ra burning; hot

abrigado, a sheltered

abrigo shelter; *al abrigo de* sheltered from

abrir to open; *abrirse* to be opened; to open on

absolutamente absolutely

absorto, a absorbed

abstraído, a abstracted, absorbed

abuelo grandfather

abundancia abundance

abundante abundant, in abundance

abundar to abound; to have many

aburrirse to get bored

abuso abuse

acabadísima finest, best finished or polished

acabar to finish, to end; *acabarse* to come to an end; *acabar de* to have just

acaecer to happen, to occur; *lo acaecido* what has happened

acaparar to seize, to hold to, to monopolize

acariciador, ra sweet, charming

acceso fit, attack

accidente m. accident

acción f. action; conduct

aceituna olive

acento accent

aceptar to accept

acera sidewalk

acercarse to approach; to walk up to; to come closer

acero steel; razor, blade

acertar to succeed; to make a hit; to hit the target

acerqué see *acercarse*

acomodar to arrange

acompañado, a accompanied

acompañar to accompany, to keep company

acompasadamente rhythmically

acondicionar to fix up; to rearrange

aconsejar to advise

acontecimiento event

acordarse to remember; to be reminded of

acorralar to corner

acostado, a lying down

acostar to put to bed; *acostarse* to go to bed, to lie down

acostumbrar to be in the habit, to be accustomed; *acostumbrarse* to become accustomed

actitud f. attitude

acto act

actor m. actor

actual present-day

actualidad f. present time; question or news of the mo-

° In Spanish, *ch, ll,* and *ñ* follow *c, l,* and *n* respectively in the alphabet.

ment; *de actualidad* recent

actuar to act

acudir to attend, to go; to come to the rescue; to come for; to resort

acuerdas, acuerdo see acordarse

acuerdo accord, agreement; *de acuerdo,* agreed; *de acuerdo con* according to

acuesta, an see acostar

acumular to amass, to pile up

acusar to accuse

adelantándose moving ahead; being ahead; getting ahead

adelante ahead; forward; come in!; *seguir adelante* to move on

ademán m. gesture, attitude

además besides, furthermore

adentro inside, within

adiós good-bye

adivinar to guess

adivino fortune teller, guesser

administrativo, a administrative

admirable wonderful

admirablemente admirably (well)

admiración f. wonderment

admirar to admire

admitir to admit

adonde where; whither

adorar to worship, to adore

adormecerse to fall asleep

adornar to decorate, to adorn

adquirir to acquire, to purchase

adulterio adultery

adusto, a gloomy, sullen

advertir to warn; to point out; to notice

advierta, o see advertir

afán m. eagerness

afección f. sentimental attachment, affection

afecto emotion; affection

afectuoso, a affectionate

afeitado shaven

afeitarse to shave

afición f. fondness, liking, taste

aficionado, a fond

afiebrado, a feverish

afiliado member (of a political party, etc.)

afinarse to tune up

afirmación f. affirmation

afirmar to affirm

afluir to flow

afluye see afluir

afortunadamente fortunately

afrentar to affront

afueras f.pl. outskirts

agarrar to take, to grab

agitado, a heated, excited, upset

agonía agony

agradable pleasant, delightful

agradar to please; to be pleasing

agregar to add

agrietado, a cracked

agua water

aguacero shower (rainfall)

aguada source of drinking water

aguardar to wait

agudo sharp

agujereado, a riddled

agujero hole

ahí there; *por ahí* down there; that way

ahijado godson

ahogar to choke, to suffocate

ahora now; *ahora mismo* right now

ahorro economy, savings

aire m. air, semblance; musical composition, tune

airosamente proudly, gracefully

ajar to rumple, to disfigure

ajena another's; *propiedad ajena* private property

ajuar m. trousseau

ajustado, a arranged

ajustar to adjust, to fix; to mend, to arrange

ala wing

alabar to praise

alambre m. wire

álamo poplar

alarmado, a alarmed

alba dawn
alborotar to make a racket; to make noise
alcanzar to catch up, to overtake; to reach; to be sufficient for; to manage; to hit
alcé see *alzar*
alcoba bedroom
aldea village
alegrarse to rejoice, to be glad
alegre cheerful, gay
alegremente joyfully
alegría joy
alejarse to move; to go away
alfanje m. cutlass
alfiler m. pin
algo something; somewhat
alguien someone; somebody
algún, alguno, a some; whatever; *algunos, as* a few
aliento breath, breathing; *aliento entrecortado* panting, out of breath; *sin aliento* breathless
alimentación f. food; diet
alimento foodstuff
alisarse to smooth down
alma soul
almacén m. store; department store
almuerzo lunch
alojamiento lodgings
alojar to lodge; *alojarse* to be quartered
alrededor around; *alrededores* m.pl. environs; surrounding or neighboring area
altamente highly
altar m. altar
alternar to mix
alternativa alternative
altísimo, a very high, towering
altivez f. haughtiness, pride
altivo, a haughty, arrogant
alto, a high, tall; lofty
altura height
alucinación f. hallucination
alumbrar to light up
alumno pupil, student
alzar to raise, to lift; *alzarse* to get up; *alzarse de hom-*
bros to shrug one's shoulders
allá there, yonder
allí there; *por allí* that way; *allí dentro* in there
amable kind, gracious, pleasant
amablemente pleasantly
amanecer m. dawn
amante m. & f. lover
amargo, a bitter, acrid
ambos both
amenaza threat
ameno, a pleasant
ametrallar to machine-gun
amigo, a friend
amistad f. friendship
amistosamente in a friendly way
amistoso, a friendly
amo boss; master (of a household); owner; landlord; proprietor
amor m. love
amorío love affair, flirtation; love making
amorosamente affectionately, lovingly
amparar to give shelter
anca rump, croup, haunch
anciano old man
ancho, a wide; *a las anchas* fully
andar to walk, to go; to be
ángel m. angel
angosto, a narrow
ángulo angle; corner
angustia anxiety, anguish
angustiar to worry, to distress; *angustiarse* to be anguished
anhelante eager, excited
anheloso, a panting
animal m. animal
ánimo courage; spirit; mind; *templar ánimo* to pluck up courage
anoche last night
anochecer m. nightfall
anónimo, a anonymous
ansiedad f. anxiety

ansioso, a anxious

ante in front of; in the presence of; face to face

antecámara hall

anterior previous, before

antes before; *antes de* previous; *como antes* as before; *de antes* from before

antiguo, a ancient, old

antojarse to have or take a notion to; to fancy

anudar to tie, to knot

anular to annul, to eliminate

anunciar to announce; to advertise

anuncio advertisement

anzuelo fishhook

añadir to add

año year; *el año pasado* last year

apacentar to graze, to pasture

apacible peaceful

apacienta see *apacentar*

apagar to put out, to extinguish; *apagarse* to die down

aparato device, contraption

aparecer to make an appearance, to appear

aparentar to resemble

aparente noticeable, apparent

aparezco see *aparecer*

apariencia resemblance; appearance

apartar to remove; to separate; to push away; *apartarse* to take away

aparte de apart from

apegado, a attached

apellido surname

apenas as soon as; no sooner; scarcely; hardly

apéndice m. appendix; appendage, epilogue

aperito [dim. of *apero*] riding equipment

apero riding equipment

aplacar to appease; to relieve oneself

aplastado, a flattened

aplomo composure, equipoise

apocado, a irresolute, cowardly

apodar to nickname

apoyar en to lean against; to rest upon; to press

apreciar to appreciate

aprender to learn

apresusar to hurry, to hasten; *apresurarse* to hurry up

apretado, a tightly close

apretar to increase in intensity; to make more severe

aprobar to approve

aprovechar to benefit from, to profit by

apuro hurry

aquel, aquella, aquello that

aquí here

aragonés m. Aragonese, a man from Aragon, a province of Spain

árbitro arbiter

árbol m. tree

arca chest, treasure box

arco arc

arder to burn, to itch, to smart

ardiendo burning

ardiente burning, fiery, hot

arena sand

argumento stratagem

aristócrata m. & f. aristocrat

aristocrático, a aristocratic

aromático, a aromatic

arrabal m. suburb; *arrabales* m.pl. outskirts

arrancar to grab, to pull, to tear out, to uproot; *arrancar la mala hierba* to weed; *arrancarse* to start out

arranqué see *arrancar*

arrebato rage, fury

arreglar to fix; *arreglarse* to fix oneself up; to fix up things, to adjust, to arrange

arrendar to rent

arrepentimiento repentance

arrepentirse to repent

arrepintió see *arrepentirse*

arrestar to arrest, to take prisoner

arriba up; *de arriba abajo* from top to bottom, from the top down

arribar to arrive

arriesgarse to risk, to take a chance, to venture

arrodillado, a kneeling down

arrodillar to kneel down

arrogante dashing; arrogant

arrojar to throw; to blow out

arruinar to ruin

arrullo lullaby

artesano laborer; artisan

artículo article, object

artista m. & f. artist

asegurar to guarantee, to assure; to assert

asemejarse to resemble, to be alike

asentar to strop, to smooth, to hone

asentir to agree

asesino murderer

así thus; [like] this; *así es* so be it; *así es de* so; *así es que* and so; *así pues* so, therefore

asignar to allot, to assign

asintió see *asentir*

asistir to attend

asomarse to lean out; to look out

asombrado, a astonished, astounded

asombro amazement, astonishment; *con asombro* amazed

aspecto appearance, looks

aspirar to inhale

astucia cunning; trick

asunto affair; business; topic (of conversation)

asustado, a frightened; flustered

atacar to attack

atar to tie

atardecer m. evening

ataúd m. coffin

atención f. attention

atrás back, backward; *días atrás* days ago; *tiempo atrás* time gone by, long ago; *marcha atrás* in reverse

atrevesar to go through

atreverse to dare

atrevido, a daring, bold

atropellado, a trampled, bumped

atroz horrible, atrocious

aturdido, a upset

aumentar to increase

aun even, still; *aun cuando* although; *aun así* even then

aún still, yet

aunque although, even, though

ausencia absence

autómata m. robot, automaton

autoridad f., *autoridades* authorities

auxilio help, assistance

avanzar to advance, to move ahead

avaro avaricious, greedy; miser

ave f. fowl

avenida avenue

aventura adventure

aventurar to venture

avergonzado, a ashamed

averiguar to investigate, to ascertain, to find out

avisar to warn; to inform

¡ay! ouch! alas!; *¡ay Dios!* Oh God! Good Heavens!

ayer yesterday

ayuda help, assistance

ayudar to help, to aid

azar m. chance, hazard

azorado, a scared

azote m. lash, whip, spanking

azúcar m. sugar

azul blue

badana leather strop (for smoothing razors)

bailar to dance

bailarina ballerina, dancer

bajar to get down; to get off; to dismount; to go down stairs

bajo, a under; low; *cabeza baja* bowed head; *piso bajo* main floor

bala bullet
balaustrada balustrade
balbucear to stammer
balcón m. balcony
banana f. banana
banda band (of music)
bandada flock
barato, a cheap, inexpensive
barba beard, whiskers
barbaridad f. outrage, atrocity;
　nonsense; *¡Qué barbaridad!*
　How awful!; What non-
　sense!
barbero barber
barbilla chin
barrio neighborhood
basado, a based
base f. base; basis
bastante rather, quite; enough
bastar to be enough, to suffice
bastón m. walking stick
basura garbage
batalla battle
batir to work up, to stir;
　batirse to fight
batista cambric, batiste
bebedor m. heavy drinker
beber to drink
Belén Bethlehem
belleza beauty
bellísimo, a most beautiful
bello, a beautiful
besar to kiss
beso kiss
bestia beast
bien very; well; properly; *está*
　bien all right, O.K.; *o bien*
　or else
bienes m.pl. possessions,
　property
bigote m. mustache
billete m. bill; ticket; banknote
bizco, a cross-eyed
blanco, a white
blando, a gentle, soft
blanquecino, a whitish
blasfemia blasphemy
boca mouth
bocanada mouthful
boda wedding, marriage
bofetada slap in the face

boina beret
bolsillo pocket
bonachón, ona good-natured
bondad f. kindess; *tener la*
　bondad to please, to be
　kind enough to . . .
bondadoso, a kindhearted
bonito, a pretty
bordado, a embroidered;
　embroidery
borde m. edge, border
bordeado, a bordered, lined
borracho, a drunk
borrascoso, a stormy
bosque m. forest, woods
botella bottle
botica drugstore
boticario druggist
bozal m. headstall, halter
bozalito little headstall
bravamente bravely
bravo, a angry
brazo arm
breve brief
brillante bright, brilliant; m.
　diamond
brillar to shine
brillo gleam, glistening
brinco jump
brindar to drink a toast
brisa breeze
brocha brush; shaving brush
bromear to joke, to kid along
brotar to emit; to gush; to flow
　forth
buen, bueno, a good; *buenas*
　tardes good afternoon
bufete m. writing desk; office
burla sneering joke, ridicule
busca search; *en busca de* in
　search of, seeking
buscar to look for, to seek
buzón m. letter drop; mail box

cabalgar to ride horseback
caballero gentleman; sir
caballo horse
cabaña hut
cabecera head (of bed, table,
　etc.)
cabellera head of hair

194

cabello hair
cabestro halter
cabeza head; *cabeza abajo* upside down; *cabeza baja* bowed head
cabo end; *al cabo de* at the end of
cabra goat
cacha side [of a razor handle]; *las dos cachas* handle
cachorro cub
cada each
cadáver m. corpse
cadena chain
caer to fall; *caer desmayado* to faint; *dejar caer* to let fall, to drop; *caerse* to fall down; to suit
caída fall; dropping
cajón m. drawer
calcular to reckon, to estimate
calefacción f. steam heat
calidad f. quality
caliente warm; hot
calificar to classify; to qualify
calor m. or f. heat; *hacer calor* to be hot; *tener calor* to be hot; *¡Qué calor!* How hot [it is]!
caluroso, a sultry, hot
calva bald head
calvo, a bald-headed
calvicie f. baldness
calza fetter, shackle
Callao port town near Lima, Peru
callar to keep quiet, to keep silent
calle f. street
callejón m. alley
cama bed
cámara chamber; bedroom; *Cámara de Comercio* Chamber of Commerce
camarada m. comrade
cambiar to change
cambio change; *en cambio* on the other hand
caminar to walk; to budge; to move; to head toward; *caminar a tientas* to grope

camino road, highway; way
camisa chemise; shirt; nightgown
campamento military camp
campanilla morning glory
campo country; countryside; field; pasture; prairie
canalla scoundrel
cándido, a naïve
cansado, a tired, exhausted
cansancio weariness, fatigue; *hasta el cansancio* to the point of exhaustion; time and again
cansarse to get tired, to tire
cantar to sing
cantidad f. quantity
canto song; singsong
caña cane
capa layer
capacidad f. capacity
capataz m. overseer, foreman
capital f. capital city; m. fortune, capital, wealth
capitán m. captain
capricho whim, fancy, caprice
caprichoso, a capricious
cara face; *polvo de la cara* face powder; *tener cara de* to look as if
característico, a typical; customary
¡Caramba! Good Heavens!
cárcel f. jail
carcomido, a worm-eaten
carecer to lack
carga load
cargado, a loaded
cargo assignment; position
caricia caress
cariño affection, fondness
cariñoso, a affectionate, fond
caritativamente charitably
carnaval m. carnival
carne f. meat; flesh
carnero sheep
caro, a expensive
carta letter
casa house; business concern; *en casa* at home

casado, a married; *recién casado* newly wed
casamiento marriage
casar to marry; *casarse* to get married
cáscara peel, shell
casi almost
casino casino
casita [dim. of *casa*] little house; hut, cabin
caso case; *hacer caso* to mind, to pay attention
¡Cáspita! Upon my word!
castigar to punish
casualidad f. chance; accident
casualmente accidentally
catástrofe f. catastrophe
católico, a Catholic
catorce fourteen
caucho rubber
causa cause; *causas perdidas* lost causes
causado, a caused
causar to cause
cautivador, a charming
cautivar to captivate, to charm
cavernoso, a cavernous
cayeron, cayó see *caer*
cazador m. hunter
cazar to hunt, to chase
ceder to give way
céfiro breeze
cegar to darken; to stop up
celeste sky-blue
celoso, a jealous
cementerio cemetery
cena supper
cenar to dine, to have supper
ceniciento, a ash-colored, grayish
cenizas f.pl. ashes
censo census; *Censo* Census Bureau
censurar to censure
centavo cent
centenar m. hundred
centro center, middle; center of town
cepillo brush
cerca near

cercado, a fenced
cercano nearby
cerciorarse to find out, to ascertain; to make sure
cerco fence
cerebro brain
ceremonia ceremony; formality; politeness
cereza cherry
cerquita quite near, close by
cerrado, a locked, closed, shut
cerradura lock; *agujero de la cerradura* keyhole
cerrar to shut, to close, to lock; to obstruct, to block
cerro hill
cesar to stop
césped m. lawn
cicatriz f. scar
ciego blind; blind man
cielo sky; heaven
cien, ciento one hundred
ciénaga marsh
cierra, cierro see *cerrar*
ciertamente surely
cierto, a certain, sure; *¿no es cierto?* don't you think?
cigarra cicada, locust
cigarrillo cigarette
cigarro cigar
cinco five
cincuenta fifty
cine m. movies
cínico, a cynical
cinturón m. belt
circular to circulate
circunstancia circumstance
cita appointment, engagement
ciudad f. city
clandestino, a clandestine, secret, belonging to the underground
claridad f. radiance, brightness, light
claro, a clear, distinct; *claro está* of course, surely; *claro que sí* indeed
clase f. class; kind
clausurar to close
clavar to nail, to fix; *clavarse* to nail oneself to

clavel m. carnation
clavo nail
clérigo clergyman
cliente m. & f. client, customer
cobarde m. & f. coward
cobardía cowardice
cobertizo shed; cover
cobijar to cover
cobrar to charge
cocear to kick
cocer to bake
cocinar to cook
coco coconut
cocotero coconut palm tree
coche m. carriage, vehicle, coach
cochería carriage house
cochero coach man
codicia avarice, greed
coger to seize, to take hold of; to gather, to pick
cogido, a caught; *cogido en la red* trapped
cojo see *coger*
cola tail
Colector m. Collector of Revenue; *colectorcillo* [derogatory] insignificant collector
cólera anger, wrath
colgar to hang; to cling; *colgarse de* to hang from
colita [dim. of *cola*] little tail
colocar to place, to arrange
color m. color
colorado, a red
colores m.pl. flag
columna column
comandante m. major
comedia play, comedy
comedor m. dining room
comensal m. table companion
comentario remark
comenzar to begin, to get started
comer to eat
comerciante m. merchant
comercio commerce
cometer to commit
comida meal, dinner, supper,

food; *comida fuerte* substantial food
comienza see *comenzar*
como how; *¿Cómo?* What do you mean?; *¡Cómo!* How do you like that?; *¡Como no!* Indeed!, Of course!
cómoda chest of drawers
cómodo, a comfortable
compacto, a thick; compact
compadre m. friend, pal; old chap
compañero, a companion, friend
compañía company; *en compañía de* accompanied by
compartir to share
compasión pity, compassion
complacer to please; to oblige; to accommodate
complaciente obliging, amiable
completamente fully, thoroughly
completar to complete
completo, a complete; *por completo* completely
comprador, a customer, buyer, client
comprar to buy
compras purchases; *ir de compras* to go shopping
comprender to understand
comprobar to verify, to find out, to check
comprometer to jeopardize; *comprometerse* to commit onself, to promise
compromiso embarrassment
común common; *por lo común* commonly
comunicar to inform, to report
comunista m. Communist
con with
conciencia conscience; consciousness
concluir to end up, to finish
conclusión f. end, conclusion
concluyó see *concluir*
concretarse to concentrate
concreto, a concrete
condición f. condition

197

conducido, a carried
conducir to lead; to usher; to carry
conducta behavior
confeccionar to make
confesar to confess
confesión f. confession
confesionario confessional
confiado, a self-confident
confianza faith, trust, confidence
confiar to confide, to tell
confidencia confession, secret information
confiesa see *confesar*
confirmar to confirm
conflicto conflict
conformarse to resign oneself
conforme in proportion as
confundido, a mixed up, confused
confundirse to become confused
confuso, a puzzled, confused
congraciarse to ingratiate oneself
conjeturar to surmise; to guess
conmigo with me
conmover to shake; to disturb
conmovido, a moved, stirred emotionally
conocer to meet; to have knowledge of; to be acquainted with; *dar a conocer* to make known
conocido, a known, familiar; acquaintance
conozco see *conocer*
conque and so; so then
conquista conquest
conquistar to conquer; to win over; *conquistarse* to win for oneself
consecuencia consequence; *a consecuencia* because; *en consecuencia* accordingly
conseguir to manage; to succeed
consejero councilman, adviser
consejo advice; *Consejo*

Municipal Municipal Council
consentir to consent, to agree
conservado, a well preserved
consideración f. respect, courtesy
considerar to consider; *considerarse* to consider oneself
consiento see *consentir*
consigna slogan, watchword
consignar to charge; to make an entry [in bookkeeping]
consigo with him
consiguiente following, consequent; *por consiguiente* therefore
consistir to consist
consolarse to console onself
conspicuo, a conspicuous, outstanding; *hacerse conspicuo* to be noticed
conspirar to conspire
constancia constancy
constante constant
constar to be clear, to be certain
contacto contact
contar to rely, to count upon; to narrate, to tell; *contar con* to depend on
contemplar to watch, to observe; to gaze at, to behold
contener to contain; *contenerse* to control onself
contengan see *contener*
contenido, a included; rendered
contentarse con to be satisfied with
contentísimo, a extremely glad, very happy
contento, a glad, pleased
contestar to reply
contiguo, a adjoining
continuamente continuously
continuar to continue
contrabandista m. smuggler
contrariar to antagonize
contrario contrary; *al contrario* on the contrary;

todo lo contrario quite the opposite

contratiempo mishap, embarrassment

convaleciente convalescent

convencerse to convince oneself, to be convinced

convencido, a convinced

convengo see *convenir*

convenir to agree; to accept; to admit

conversación f. conversation

conversar to chat, to converse, to talk

convertirse to become

convicción f. conviction

convinieron see *convenir*

convirtieron see *convertir*

corazón m. heart

corbata tie

cordialmente cordially

cordón m. string

coro chorus

coronel m. colonel

corral m. backyard; corral

correcto, a correct

corredor m. corridor

corregir to correct

correo post office; mail; *jefe de correos* postmaster; *oficina de correos* post office

correr to run; to circulate; to flow; *echar a correr* to dash off

correspondencia mail

corresponder to correspond

corriendo running

corriente f. current, stream

corrompido, a corrupt

cortar to cut; to clip

cortina curtain

corto, a short, brief

corvo, a curved

cosa thing; affair, business; *cosa suya* your affair; *poca cosa* trifle

cosecha harvest, crop

cosechar to reap, to harvest

costar to cost, to be worth

costoso, a costly, expensive

costumbre f. habit, custom, manner, tradition; *como de costumbre* as usual

costura dressmaking

crecer to grow up

crecido, a long; grown up; flood [of a river]

crédulo gullible person; unsuspecting victim

creer to believe; to reckon; *creerse* to believe oneself, to consider oneself to be

cretona cretonne

creyendo, creyó see *creer*

criado, a servant

criatura little creature [child, baby]

cristal m. glass; window pane

cristianismo Christianity

cristiano, a Christian; *doctrina cristiana* catechism

crucé see *cruzar*

cruel cruel

crueldad f. cruelty

cruz f. cross

cruzar to cross over; *cruzarse con* to come face to face with

cuadra street block

cual which, who; as, such as; *a cual más y mejor* to beat the band

cuando when, while; *de vez en cuando* from time to time

cuánto, a how much?

cuantos, as how many?

cuarenta forty

cuartel m. barracks

cuarto room; fourth; quarter; *un carto de hora* 15 minutes

cuartucho [derogatory of *cuarto*] wretched little room; miserable-looking room

cuatro four

cubierto, a covered

cubrir to cover

cuchilla mountain ridge

cuchillo knife

cuelgan see *colgar*

cuello neck

cuenta account; *dar cuenta* to give a report; *darse cuenta* to realize; *tener en cuenta* to take into account, to remember; *tomar en cuenta* to take into account

cuenta, cuentan see *contar*

cuento short story, tale

cuerpo body; corpse

cuervo crow

cuesta see *costar*

cuestión f. issue, problem; matter

cuidado care; careful!; look out!; beware!

cuidadosamente carefully

cuidar to look after; to care for

culpa blame; fault; guilt; *por culpa* owing to, because; *tener la culpa* to be blamed

culpable guilty

culto, a refined

cumplimiento fulfillment

cumplir to fulfill, to keep a promise; *no cumplir* to fail

cura m. priest

curación f. cure; first aid; healing

curandero medicine man

curioso, a curious, strange; *lo curioso del caso* the strange thing about it

cursar to study, to take courses

cursi gaudy, vulgar, flashy

chata flat; *chata de nariz* flat-nosed

che pal, friend

chico, a small, little; m. boy; f. girl

chicuelo little boy

chiquilín m. little boy

chiruza streetwalker

chisme m. gossip

chocolate m. chocolate

chocho, a doddering, doting

chorro jet, stream, gush

dama lady

dañar to spoil

daño hurt, harm, damage

dar to give, to provide; *dar a entender* to make plain; *dar con* to meet; *dar en* to insist; *dar gritos* to shout; *dar las gracias* to thank; *dar pena* to regret, to feel sorry for; *dar un salto* to jump; *darse cuenta* to realize; *darse por satisfecho* to be satisfied

datar to date from

dato information

deber to owe; to be obliged; m. duty

debidamente properly

debido, a due, proper

débil weak

debilidad f. weakness

decidir to decide

decir to say; to tell; *decirse* to say to oneself; *es un decir* that's just a way of speaking

decisión f. decision

declarado, a considered; declared

declarar to declare, to state

declinar to decline, to diminish

decoración f. stage setting

decorado decoration; setting

decoroso, a decent, respectable

dedicar to dedicate; *dedicarse* to apply oneself, to devote oneself

dedicatoria dedication [of a book]

dediqué see *dedicar*

dedo finger; *dedo gordo* thumb

defectillo slight defect

defender to defend

deficiencia drawback, deficiency

deficiente deficient

defiende see *defender*

definitivamente   once and for
   all
defraudar   to deprive; to cheat
degollar   to behead, to decapi-
   tate
dejar   to permit, to allow, to let;
   to call off, to drop [a sub-
   ject]; *dejar de*   to cease; to
   neglect; *dejar para después*
   to postpone; *dejar para mañana*   to leave for tomorrow; *dejarse*   to allow oneself
delator m.   informer
delicadamente   delicately
delicado, a   delicate, weak
delicioso, a   delightful
demás   the rest of; other
demasiado   too much; *demasiado tarde*   too late
demonio   devil, demon
demostrar   to show, to demon-
   strate
demudarse   to be altered
demuestra   see *demostrar*
dentro   inside; *dentro de*
   within; *dentro de poco*   in
   a short while, soon
denuedo   zeal; bravery, daring
denunciar   to denounce
departamento   apartment;
   county, district
depender   to depend
dependiente m.   subordinate;
   store clerk
deplorable   deplorable
depositar   to deposit
derecho, a   right; m. legal right
derramar   to spill, to pour
derribar   to knock down
desafiar   to challenge
desafuero   outrage; lawlessness
desagradable   unpleasant
desagrado   displeasure
desahogarse   to get off one's
   chest; to confide
desairar   to slight, to snub
desalentado, a   discouraged
desaparecer   to disappear
desaseo   filth
desastre m.   disaster

desbocado, a   runaway; dashing
   headlong
descansar   to rest
descanso   relief, rest
descarga   rifle shots, volley
descender   to step down; to
   come down
descienden   see *descender*
descolgar   to take down, to
   unhang
desconcertado, a   disconcerted
desconcertarse   to be disconcerted; to get upset
desconocido, a   stranger; unknown
descortezar   to strip off bark
describir   to describe
descubrimiento   discovery
descubrir   to discover; to un-
   cover
descuidarse   to be careless
descuido   oversight, negligence
desde   from, since; *desde luego*
   right away, at once; of
   course
desdeñoso, a   scornful
desdicha   misfortune; sorrow
desdichado, a   unfortunate person
desear   to wish, to desire
desembarazar   to get rid of; to
   clear
desempeñar   to perform, to
   carry out [a duty]
desengaño   disillusion, disap-
   pointment
deseo   desire
deseoso, a   eager
desesperado, a   frantic, desper-
   ate; despairing
desesperante   maddening,
   despairing
desfilar   to march, to parade
desgarrar   to tear off
desgraciadamente   unfor-
   tunately, unhappily
deshabitado, a   uninhabited
deshacer   to undo, to untie;
   deshacerse   to get rid of
deshora   inconvenient time,
   late hour

desierto, a lonely; deserted;
   m. desert
desilusionar to disillusion, to
   disappoint
desinteresado, a uninterested
deslumbrar to dazzle, to daze
desmantelado, a dilapidated,
   shabby
desmayado, a fainted,
   swooned; *caer desmayado,*
   a to faint
desmayarse to faint
desmedrado, a dilapidated
desmesuradamente excessively
desmontar to dismount
desnudo, a naked
desobedecer to disobey
desobediencia disobedience
desolado, a desolate
despacio slow; slowly
despachar to send, to ship
despedir to dismiss, to get rid
   of; *despedirse* to take
   leave
despertar to wake up
despide, despidió see *despedir*
despierto, a awake
desplomarse to collapse, to fall
despojar to strip, to plunder
despreciar to despise; to rebuff
desprenderse to issue forth
despreocupación f. indifference; unworried air
después later, later on, after-
   ward
destello flash
destino destination; fate, destiny
destrozar to destroy
destruído, a wrecked
destruir to wreck, to destroy
desvestirse to undress
desvisto see *desvestirse*
detalle m. detail
detener to stop; to arrest; *de-*
   tenerse to pause, to tarry,
   to stop
detenido, a at a standstill
determinado, a specific
detestar to hate, to detest
detiene see *detener*

detrás behind, after; *por detrás*
   from behind; behind the
   back
detuvo, detuvieron see *detener*
deuda debt
devoción f. devotion
devolver to send back, to return [something], to give
   back
día m. day; *al día siguiente*
   on the following day, next
   day; *todos los días* every
   day
diablo devil; *¡diablos!* the
   deuce!
dialéctico, a dialectical
diantre; ¡diantres! the deuce!
diariamente daily
diario, a daily
dice, dicen, dices, diciendo see
   decir
dicho, a the aforementioned
dichoso, a famous [sarcasti-
   cally]; notorious; annoying
diestro, a right; *la diestra* the
   right hand
diez ten
diferenciarse to differ
difícil difficult
dificultad f. difficulty
difundir to spread, to broad-
   cast
difuso, a confused
diga, digo, dije, dijo see *decir*
dime tell me
diminuto tiny
dineral m. a great deal of
   money
dinero money
Dios m. God; *¡Dios mío!*
   good Lord! good Heavens!
dirás, diré see *decir*
dirección f. address; direction;
   supervision; *con dirección a*
   in the direction of
directo, a direct
diría see *decir*
dirigido, a addressed to
dirigir to address; to direct;
   dirigirse to betake oneself, to go; to address

discípulo, a pupil
discreto, a discreet, circumspect
disculpe excuse [me]
discusión f. discussion
discutir to discuss
disentir to disagree
disfrazarse to masquerade
disfrutar to enjoy
disgustado, a displeased
disimular to hide one's real feelings, to dissimulate; to overlook
disiparse to vanish; to dissipate
disminuir to diminish
disparar to shoot
dispensarse to excuse oneself; to dispense with; to give up
disponer to arrange, to make ready, to prepare; *disponerse* to get ready
disposición f. disposal
dispuesto, a ready; well disposed
disputa dispute, argument
disputar to argue; to challenge
distancia distance
distinguir to distinguish
divagación f. wandering, rambling
divagado, a rambling
diversión f. amusement
diverso, a different
divertido, a amusing
divertirse to have fun; to have a good time
divorcio divorce
doblar to turn
doce twelve
dócil docile
doctrina doctrine; *doctrina cristiana* catechism
documento document
dogmático, a dogmatic
doler to hurt, to pain
dolor m. pain; anguish
dolorosísimo, a extremely painful
doloroso, a painful
domador m. horsebreaker
domeñar to tame, to master

donaire m. grace, elegance
dónde where; wherein; *de dónde* wherefrom
dormir to sleep; *dormirse* to fall asleep
dorso back
dos two
doscientos, as two hundred
dote f. dowry
doy see *dar*
drama m. play
duda doubt; *sin duda* no doubt, undoubtedly
dudar to doubt
duele see *doler*
duelo duel; sorrow
dueño owner; master
duerme see *dormir*
dulce sweet; redolent; kind; m. candy
dulcemente sweetly
dulzura sweetness; *con dulzura* gently
durante during
durar to last
durmiendo sleeping
duro, a hard; harsh; m. monetary unit used in Spain, worth five pesetas

ebrio, a drunk
económico, a economic
echar to pour; to throw out; to put in; *echar a correr* to dash off; *echar a perder* to ruin, to spoil; *echar de menos* to miss; *echar encima* to cast over; *echar mano* to grab; *echarse* to start to; to put
edad f. age
edificio building
efectivamente indeed; actually; as a matter of fact
efectivo, a real
efecto effect; result; *en efecto* indeed
efectuar to carry out, to do
ejemplo example; *por ejemplo* for instance
ejercicio exercise

ejército army
elegante elegant
elevar to raise
elocuente eloquent
elogiar to praise
elogio eulogy; praise
embarazado, a embarrassed
embarcarse to embark
embargo: sin embargo nevertheless; however
embebido, a absorbed
emblema m. emblem
embrollo entanglement
embrollón m. embroiler, trickster, deceiver
emergir to emerge
empalagoso, a cloying; boring
empapado, a drenched, soaking
emparedado, a walled-in, shut between walls
emparrado vine arbor
empastado, a overgrown with weeds
empeñado, a bent on
empeñarse to insist
empeño determination
empeorar to get worse
empezar to begin
empleado, a employee; clerk
emplear to employ; to use up, to spend
empleo job; *dar empleo* to hire, to employ
emprender to undertake
empresa enterprise, company, firm
empujar to push
emulación f. competition; envy
en in; at; *en seguida* right away
enamorado, a beloved; lover
enamorar to make love to; to flirt with; *enamorarse* to fall in love
encabezamiento heading [of a letter]
encaje lace; *encaje de Flandes* mechlin lace, malines
encaramado, a perched
encarnación f. incarnation

encarrilar to keep in line; to set right
encerrar to lock up, to shut up; *encerrarse* to lock oneself up
encierra see *encerrar*
encima above, upon, overhead
encoger to shrink; *encogerse de hombros* to shrug one's shoulders
encogió see *encoger*
encomendar to entrust; to commend
encomiendo see *encomendar*
encontrar to find; *encontrarse* to come upon
encuentra see *encontrar*
encuentro meeting; *al encuentro de* to meet
enemigo, a enemy
enérgico, a emphatic
enero January
enfadado, a angry
enfadarse to get angry; to be annoyed
enfaticamente emphatically
enfermar to fall ill, to get sick
enfermedad f. illness
enfermo, a ill, sick; n. patient, sick person; *ponerse enfermo* to get sick
enfilar to appear
enflaquecer to get thin; to lose weight
enfrentarse to come face to face
enfrente in front; *de enfrente* opposite, across [the street]
engañar to deceive, to fool [someone]
engaño deceit
engañoso, a deceitful, deceptive
engordar to get fat
enigmático, a enigmatic
enjabonar to put soap on; to soap
enjugar to dry, to wipe
enlazar to link together
enmohecido, a rusty
enojado, a angry

enojar to anger; to annoy; *eno-jarse* to get angry
enojo anger, annoyance
enorme huge, enormous
enormidad f. enormity
enredadera clinging vine
enrojecer to blush; to turn red
enrojecido, a reddened
ensayar to practice; to try; to rehearse
enseñar to teach; to show
ensueño dream; daydream
entender to understand; *a mi entender* to my way of thinking; *dar a entender* to make plain, to let it be understood; *entenderse* to understand each other
enteramente completely
enterarse to find out; to learn about
entero, a whole, entire
entonces then, so; at that time
entornado, a half-closed
entrar to enter; to trickle into; *entrado(a) en años* aged
entre between
entrecortado, a broken up
entregar to deliver; *entregarse* to surrender oneself
entrelazarse to intertwine
entretanto meanwhile
entretener to entertain; to amuse
entretenido, a entertaining
entrevista interview
entristercerse to sadden
envejecer to grow old; to cause to grow or appear old
enviar to send
envidiar to envy
episodio event, episode
época epoch, period, time
epopeya epic poem
equivocación f. mistake
equivocarse to make a mistake; to be mistaken
era era; threshing ground
eres see *ser*
escalera stairway
escampar to stop raining

escándalo scandal, racket, noise
escandaloso, a notorious, scandalous
escapar to escape, to flee
escape m. flight; *a escape* at full speed; on the run
escarlata scarlet
escarmentar to learn a lesson
escasamente scarcely
escasísimo, a very scanty or scarce
escaso, a scant, scarce
escena scene; performance, recital
escenario setting; stage
escoger to choose
escolar pertaining to school; *tareas escolares* school work, home work
esconder to hide; *esconderse* to hide away
escondido, a hidden
escopeta shotgun, rifle
escribiente m. clerk; secretary
escribir to write
escrito, a written
escritor m. writer
escritorio desk
escritura sworn statement, deed
escrupulosamente scrupulously
escuchado, a heard
escuchar to listen, to hear
escuela school
escupir to spit
escurrirse to sneak away
esforzarse to exert oneself
esfuerzo effort
esmero neatness; *con esmero* painstakingly
eso that; *por eso* on that account, because of this
espacio space
espacioso, a roomy, spacious
espantar to brush off; to scare away
espantosamente frightfully, horribly
España Spain

español m. Spanish language; Spaniard
espasmo spasm; pain
especial special
especialmente especially
especie f. kind, species, sort
espectáculo spectacle; show; sight
espectador m. spectator
espejo mirror
espera wait; delay; *a la espera* waiting for
esperanza hope
esperar to wait or hope for
espía m. & f. spy
espíritu m. spirit
espiritual spiritual
esplendidamente splendidly, magnificently
espléndido, a splendid
esponjado, a spongy, puffy
esposa wife
esposo husband
esposos husband and wife; married couple
espuma lather; foam
esqueleto skeleton
esquina street corner; corner
establecer to establish; to set up
establo stable
estación f. railroad station
estancia ranch; farm
estar to be [located]; *estar de más* to be unnecessary; to be *de trop; estar hecho para* to be up to
estatura stature, height
éste this one; the latter
estera mat
estilo style; *por el estilo* some such; of the kind
estilográfica fountain pen
estimulado, a stimulated
estimular to stimulate
esto this
estómago stomach
estos, as these
estrago havoc; damage
estrategia strategy
estrecho, a narrow

estrella star
estremecerse to shake, to tremble
estremecido, a quivering, shaking
estuche m. case [for jewelry, a musical instrument, etc.]
estudiar to study
estudio study
estupefacción f. amazement, daze, stupefaction
estupendo, a marvelous
estúpido, a stupid
eternamente eternally
eternizado, a petrified
evidentemente evidently
evitar to avoid
ex ex, former; *ex-novia* ex-sweetheart
exactamente exactly
exactitud f. exactness
exageración f. exaggeration
exagerar to exaggerate
examen m. examination
examinar to examine
exasperado, a exasperated
exasperar to exasperate
excelente excellent
excitar to urge
exclamar to exclaim
excluir to exclude
exclusivo, a exclusive
excursión f. expedition
excusa excuse; *a excusas de* unknown to
exigente exacting, exigent
exigir to demand
existencia existence
existir to exist
expansión f. expansiveness; expansion
experiencia experience
experimentar to experience, to feel
expiación f. atonement, expiation
explicar to explain
expuesto, a exposed; *estar expuesto* to run a risk
expulsar to expel; to throw out
extender to apply; to spread on

206

extraer to take out; to extract
extraje, extrajeron, extrajo see *extraer*
extrañeza surprise
extraño, a strange, queer, extraordinary; n. stranger
extraordinario, a unusual, unheard-of
extremadamente exceedingly
extremo extreme; end, tip; *en extremo* thoroughly
exultación f. exultation

fábrica factory
fabulosamente fabulously
fabuloso, a fabulous
fácil easy
facilísimo very easy
facilitar to provide
facilmente easily
factura invoice
faena task; job, chore
falda skirt; mountainside
falsamente feignedly, falsely
falso, a false, dissonant, out of tune
falta lack; *sin falta* without fail
faltar to miss, to fail, to be lacking
fallecer to die
fallecimiento death, decease
fama reputation; fame; *según la fama* according to report
familia family; *jefe de la familia* head of the family
famoso, a famous, celebrated
fanega 1.58 bushels (Spanish grain measure)
fangoso, a muddy
fantasma m. ghost, phantom
farsa farce
fatalmente irremediably; fatally
fatiga exhaustion, fatigue
fatigado, a tired
fatigarse to get tired
favor m. favor; *por favor* please!
favorable favorable

favorito, a favorite
fe f. faith
febrilmente feverishly
felices happy
felicidad f. happiness
feliz happy, blissful
fenómeno phenomenon
feo, a ugly
festivo, a festive
fiebre f. fever
figurar to appear; to figure
figurita statuette
fijamente fixedly
fijarse to watch out; to notice
fijo, a fixed
filarmónico, a philharmonic
filo edge
filtrarse to filter
fin m. end; *a fin de* in order to; *al fin* after all; finally; *por fin* finally; *a fines* by the end
finadito the deceased man
finado, a deceased
final m. the end; finale
finalmente finally
finca farm
fincar to base; to place
fingido, a make-believe, false, feigned
fingir to pretend, to feign
finísimo, a very fine or delicate
firme firm, steady
flaco, a thin, skinny; weak
Flandes Flanders; *encaje de Flandes* see *encaje*
flauta flute
flechar to pierce through or wound with an arrow (*flecha*)
flor f. flower; *en flor* blossoming
florecilla little flower
flores flowers
fofo soft, flabby
follaje m. foliage
folleto circular, folder
fondo depth; bottom; background; *a fondo* thoroughly; *en el fondo* deep down; in substance; at bottom; *por*

207

los fondos by the back
door
forastero stranger, outsider
forma way, manner
formalidad f. seriousness, formality
formar to form; to organize
formular to formulate
fortuna wealth, capital; *por fortuna* fortunately
fotografía photograph
fotografiar to photograph
fotógrafo photographer
fracasar to fail
fracaso failure, fiasco
francamente frankly; really
frase f. phrase, sentence; utterance
frazada blanket
frecuencia frequency; *con frecuencia* frequently
frecuentemente often
frente f. forehead; m. front; *al frente de* at the head of
fresco, a fresh, cool
frijol m. kidney bean
frío, a cold
frondoso, a leafy
frontera frontier
fruición f. enjoyment; fruition
fuego fire
fuera out; outside
fuera, fueron see *ir* or *ser*
fuerte strong; substantial; loud
fuertemente tightly; strongly
fuerza strength; *con fuerza* hard; strongly
fuga flight, escape
fugarse to flee, to run away
fulgor m. brilliance, radiance
funda holster
furiosamente furiously
fusilamiento execution [by means of a firing squad]
fusilar to execute by firing squad
fusilería rifle corps
futuro future

galán m. young man; hero [of a play] or actor playing the
role of the hero
galante gallant, attentive to women
galanteo flirtation
gallardo, a fine-looking, elegant; graceful
gallina hen
gana desire; appetite; *de mala gana* reluctantly; *tener ganas* to want, to wish
ganado livestock; herd [of sheep, cattle, etc.]
ganancia profit, gain
ganar to win; to earn; *ganarse* to win over to one's side; to earn for oneself; *ganarse la vida* to earn one's living
garantía guarantee
garantizar to guarantee
garganta throat
garra claw
gasa gauze, netting
gastar to spend
gasto expense
gemido moan
gemir to moan
general m. [army] general; *en general* generally
género kind; type
generoso, a generous
gente f. people
gesto sign; gesture
gime see *gemir*
gigantesco, a gigantic
gimotear to whine
glacial cold
gobernar to administer
golondrina swallow
golpe m. blow; thrust; slam
golpear to strike; to thump
gordo, a fat
gordura stoutness, fatness
gorro nightcap
gota drop
gotita little drop
gozar to enjoy; to gloat over; to possess
gozo joy, enjoyment
gozoso, a joyful
gracias thanks; *gracias a* because of, owing to, thanks

to; *dar las gracias* to
thank
gracioso, a graceful; cute
gran, grande big, large; great
granizar to hail
granizo hail
grano grain; *al grano* to the
point
grata favor [referring to a let-
ter]
gratitud f. gratitude
grave serious; important; critical
gris gray
gritar to shout, to scream
grito shout, scream; *dar gritos*
to shout; *lanzar un grito*
to utter a cry
gritón, a screaming
grueso, a stout; thick
grumo blob
guardar to keep; to put away;
guardar cama to stay in
bed
guarecer to take shelter
guerra war
guiarse to guide oneself
guiño wink; *hizo un guiño*
winked
gustar to like, to be fond of; to
have a liking for
gusto taste; enjoyment, relish;
con gusto with pleasure

haber to have; *haber de* to
have to; *haber que* to be
necessary to
había there was, there were
habilidad f. skill, ability
habitación f. room
habitante m. inhabitant
habitar to live in
habitual habitual
habituarse to get into a habit,
to get accustomed
hablar to talk, to speak; *hablar
por hablar* to talk just for
talk's sake
hacer to do, to make; *hacer
caso* to mind; to pay at-
tention; *hacer juego* to

match; *hacer llamar* to
send for; *hacer un papel*
to play a role; *hacerse* to
become
hacia toward
hacienda property, possessions
haga, hagan, hago see *hacer*
hallar to find; *hallarse* to be,
to find oneself
hambre f. hunger; *tener hambre* to be hungry
hambriento, a hungry
harán see *hacer*
haría see *hacer*
harto very; *harto de* fed up
with
hasta until, unto, up to; even;
hasta que until
hay there is; there are
haz [imperative, *hacer*] do
hazaña feat, heroic deed
hebilla buckle
hechicero, a charming, bewitching
hecho event; done; *bien hecho*
well done; *estar hecho* to
be turned into, to look like;
estar hecho para to be up
to
hedor m. stench
hembra female
heredad f. farm, fields
heredar to inherit
heredero heir
herida wound
hermana sister; *hermano*
brother
hermoso, a beautiful, handsome
hermosura beauty
héroe m. hero
heroína heroine
herradura horseshoe
hice, hicieran, hicieron see
hacer
hierba grass; *mala hierba*
weeds
hierro iron; *muerto a hierro*
stabbed to death
higo fig
higuera fig tree

hija daughter; hijo son
hilaridad f. hilarity
hilo thread
historia yarn; gossip; history; story; historia universal world history
hizo see hacer
hociquera muzzle
hogar m. fireplace; home
hoja leaf [of a tree, of a door, etc.]; razor blade; hoja suelta leaflet
hojear to turn the pages
hombre m. man
hombro shoulder
hondo, a deep
honor m. honor
honradamente honorably
hora hour, time; a la hora precisa at the appointed time
horma shoemaker's last; dar con la horma de su zapato to meet one's match
horno oven; horno de ladrillo kiln, furnace for baking bricks
horquilla pitchfork
horrible dreadful, ghastly
horror m. horror
horrorizado, a horrified
hostia Host; hostia divina Blessed Host
hoy today
hoyito dimple
hubo see haber
huésped m. guest
huevo egg
huir to flee, to escape
humano, a human
húmedo, a damp, moist
humilde humble
humo smoke
humor m. humor
hundido, a sunken
hundir to sink
huyó see huir

idea idea
idear to devise, to conceive
idiota m. & f. idiot; idiotic
iglesia church

ignorancia ignorance
ignorante ignorant; unaware
ignorar to ignore; not to know
igual equal; even; por igual equally; tan igual so unchangeable
igualar to equal
igualmente equally
ilusión f. illusion
ilustración f. enlightenment
ilustre distinguished
imagen f. picture; image
imaginación f. imagination
imaginar to imagine
imbécil m. & f. imbecile
imborrable indelible
impaciencia impatience
impacientar to annoy; impacientarse to grow impatient
impaciente impatient
impasible impassive
impedir to prevent; impedirse to hinder one another
imperativo imperative
imperturbablemente imperturbably
impide, impiden see impedir
importante important, significant; substantial
importar to matter
imposible impossible
impresión f. impression
imprevisible unforeseeable
incendiado, a burning; flaming
incendio fire
incisión f. cut, incision
inclinación f. desire; inclination
inclinar to lean; to turn; inclinarse to be inclined; to bend down
incómodo, a uncomfortable
incontenible irrepressible; unstoppable
incorporarse to sit up; to stand up; to get up
incredulidad f. disbelief
indeciso, a perplexed, undecided
independencia independence

indicación f. instruction, suggestion, information
indicado, a indicated
indicar to show, to indicate
indicio sign, trace
indiscreción f. indiscretion
indispensable indispensable
indócil inflexible; unruly; stubborn
indudablemente undoubtedly
inesperadamente unexpectedly
inesperado, a unexpected
inexpugnable impregnable
infamia infamy
infatigable indefatigable
infeliz m. unfortunate, wretched; a poor devil, a wretch
inferir to inflict
infinito, a infinite
infirió see *inferir*
información f. report
informal unreliable
informar to report; *informarse* to be informed
informe m. memorandum, report
inglés m. Englishman
ingratitud f. ingratitude
ingrato, a ungrateful
injusto, a unfair, unjust
inmediatamente immediately
inmensidad f. immensity
inmenso, a immense, huge
inmovible constant, immovable
inmóvil motionless
inocente innocent
inolvidable unforgettable
inquebrantable irrevocable, unyielding
inquietante disquieting, disturbing
inquieto, a worried
inquietud f. restlessness, concern
inquilino lodger, tenant
inquirir to ask, to inquire
insensiblemente unnoticed
insignia insignia
insignificante insignificant
insistir to insist

insolencia insolence
inspirar to inspire
instalarse to install oneself
instantánea snapshot
instante, m. moment, instant; *al instante* immediately
instar to insist on
instintivamente instinctively
instrumento instrument
insuficiente insufficient
insultar to insult
inteligente intelligent
inteligible intelligible
intención f. intention
intencionalmente on purpose, intentionally
intensidad f. intensity
interés m. interest
interesado, a interested party
interesar to interest
interior m. the inside, the interior
interiormente inwardly
interlocutor m. interlocutor
interminablemente endlessly
internarse to penetrate
interrogar to ask, to question
interrogatorio questioning, interrogation
interrumpir to interrupt
intimidad f. intimacy
íntimo, a intimate
intolerable unbearable
intransitable impassable
intrigar to puzzle, to intrigue
inundado, a soaked; flooded; bathed
inundar to flood, to inundate
inútil irrelevant, useless
invadir to invade
invalidar to render one helpless
inválido, a feeble, sick
invariable invariable
invencible invincible
invención f. invention
invertebrado, a spineless
invierno winter
invitar to invite
invocar to mention, to invoke

211

ir to go; *ir a pie* to go on foot, to walk; *ir de viaje* to go on a trip; *irse* to go away
ira wrath
Irlanda Ireland
irlandés Irish
ironía irony
irónico, a ironical
irreparable incurable
irritación f. anger
irritarse to become exasperated
irrumpir to burst
italiano, a Italian
izquierdo, a left

jabón m. soap
jadeante panting, out of breath
jamás never
jardín m. garden
jefe m. chief; *jefe de correos* postmaster; *jefe de la familia* head of the family
Jesús Jesus; Mercy! Good gracious!
jinete m. horseman
joven young; young man; young woman
joya jewel; gem
juego game, play; *juegos de manos* petting; tomfoolery
jugar to play
juguete m. toy, plaything
juicio judgment; *perder el juicio* to go insane, to lose one's reason
jumento jackass
juntar to put together
junto, a next to, close by
juntos, as together
juramento oath
jurar to swear
justo, a exact; just, fair
juzgar to judge

kepis m. military cap

labio lip
labor, labores f. sewing; needlework

lado side; *al lado de* next door to; alongside
ladrar to bark
ladrillo brick
ladrón m. thief
lágrima tear
lamentación f. complaint
lamentar to regret; *lamentarse* to complain; to moan
lámpara lamp
langosta locust
lanzar to throw; to heave; *lanzar un grito* to utter a cry, to shout; *lanzarse* to rush
largamente for a long time
largo, a long; *de largo* without stopping
lástima pity
laurel m. laurel
leche f. milk
lecho bed
lectura reading
leer to read
legítimo, a lawful; genuine, authentic
lejos far; *a lo lejos* in the distance; *desde lejos* from afar
lengua tongue
lentamente slowly
leña firewood, kindling wood
leona lioness
letra letter [of alphabet]; *al pie de la letra* to the letter
levantar to raise, to lift up; to stir up; *levantarse* to get up
leve slight; light
ley, leyes f. law
leyendo, leyó see *leer*
liberal generous; liberal
libra pound
librar to get way from; *librarse* to rid oneself of
libre free
libro book; *libro diario* ledger
ligadura string, rope
ligeramente slightly
ligero, a light [in weight]; slight

212

limeñita a girl from Lima
limpiar to clean; *limpiarse* **to**
    wipe off; to clean up
limpio, a clean
lindezas cute things [sarcasti-
    cally, insults]
lindo, a pretty, cute
listo, a clever, sharp; *estar listo*
    to be ready
lobreguez f. darkness
localidad f. location, place
locamente madly
loco, a crazy, insane
locura madness, insanity
logicamente logically
lógica logic
lograr to attain; to manage;
    lograr un objeto to
    achieve a goal
logro consummation, attain-
    ment
longitud f. length
loro parrot
luces glories; rays [of light]
lúcido, a lucid
lucha fight; struggle
luego then, soon; *desde luego*
    right away; of course
lugar m. place; *poner en su*
    lugar to tell a person
    what's what; *tener lugar*
    to take place, to occur
lujo luxury
luminoso, a bright
luna moon
lustro lustrum [five years]
luz f. light; *Luz de Oriente*
    Eastern Light, typical name
    of a Masonic Lodge

llama flame
llamado, a named, called, re-
    ferred to
llamar to summon, to call;
    hacer llamar to have
    called, to send for; *llamarse*
    to be named, to be called
llave f. key [of a door; of a
    musical instrument]; *ojo de*
    la llave keyhole
llegada arrival

llegar to arrive, to reach; **to**
    come to, to get **to**
llegué see *llegar*
llenar to fill up, to fill out, **to**
    jam; *llenarse* to fill up
lleno, a covered, filled
llevar to carry, to bring, **to**
    take along; to bear; to wear;
    llevar poco tiempo to have
    been a short while; *llevar*
    puesto, a to be wearing;
    llevarse to be carried
    away; *llevarse con* to get
    along with
llorar to weep
llover to rain
lloviendo raining
llueve see *llover*
lluvia rain
lluvioso, a rainy

madre f. mother
madrugar to get up early
maduro, a ripe; ripened
maestro, a schoolteacher
mágico, a magic
magnífico, a fine, wonderful,
    excellent
maíz m. corn; *lo del maíz* the
    corn affair; *maíz pisado*
    ground corn
majadero fool; dope
majestuosamente majestically
mal m. defect; vice; illness; *de*
    mal en peor from bad to
    worse
maldito, a accursed; damned
malo, a bad; *de mala muerte*
    see *muerte*
malograr to fail; to spoil; **to**
    miss; to waste
malsano, a unhealthy
mamá mamma, mom, mother
mancebo youth, young man
manchar to stain
mandar to send; to command,
    to order
mandato order
manejar to handle
manera manner, way, means;
    de todas maneras anyhow,

213

anyway; *de una manera positiva* beyond doubt

mano f. hand; *echar mano* to grab; *juegos de manos* tomfoolery, petting

manojo bunch

mansedumbre f. meekness, gentleness

manso, a tame, docile

mantener to keep

mantuvo see *mantener*

manual m. handbook

manzana Adam's apple

mañana tomorrow; morning; *a la mañana siguiente* the next morning; *esta mañana* this morning; *mañana mismo* the very next day, tomorrow at the latest; *por la mañana* in the morning; *todas las mañanas* every morning

maquinalmente automatically, absent-mindedly

mar m. & f. sea

maravilla marvel, wonder

maravilloso, a marvelous

marca mark; monogram

marco frame

marcharse to go away, to leave

marchito, a withered, faded

marido husband

marinero sailor

mariposa butterfly

mármol m. marble

martillar to hammer

mártir m. martyr

martirio martyrdom

mas but

más more; *estar de más* to be unnecessary; to be superfluous; *sin más* without further ado

masón m. Freemason

mata plant

matar to murder, to kill; *matarse* to kill one another

materia matter; *en materia de* in regard to

materialismo materialism

mayor greater; larger; *la mayor* the oldest girl

mecer to swing

mechón m. lock [of hair]

mediante by means of

mediar to intervene; to stand

medicina medicine, drug, remedy

médico physician

medida measure; *a medida que* in proportion to

medio, a half; middle; environment, milieu; *media noche* midnight; *medio día* noon; *en medio* in the midst of, in the middle of

medir to measure; to reckon

meditar to ponder, to meditate

mejilla cheek

mejor better; *el mejor* the best

mejorar to better, to improve

melancolía melancholy

melancólico, a sad

mellizo, a one or more other children born at the same time—twins, triplets, quintuplets; *mellizas Dionne* the Dionne quintuplets

memorable memorable

memoria memory; *de memoria* by heart

mencionado, a referred to, mentioned

menor lesser; smaller; younger; *la menor* the youngest girl

menos less; *a* or *por lo menos* at least

menosprecio contempt

mentar to name; to mention

mentir to lie

mercado market, marketplace

merecer to deserve

meridiano noon; dazzling; meridian

merienda light meal, repast, snack

mes m. month

mesa table

meter to put in, to insert; *meterse* to become; to get into

mexicano, a Mexican
mezclar to mix up
miedo fear
miembro member
mientras while; *mientras tanto*
  meanwhile, in the meantime
miga crumb
mil m. one thousand
milagro miracle
milla mile
mimado, a pampered
mimar to pamper, to spoil [a
  child]
ministerio Ministry, a government department
minuciosamente minutely,
  thoroughly
minuto minute
mío, a mine
mirada glance
mirar to look, to stare; *mirarse*
  to look at each other
misa Holy Mass
miserable m. & f. wretched,
  miserable; a wretch
miserablemente poorly
mismo, a same; *ahora mismo*
  right now; *lo mismo* the
  same thing; *mañana mismo*
  the very next day
misterio mystery
misterioso, a mysterious, uncanny
mitad f. half; midway; *en
  mitad* in the middle
mitigar to mitigate; to spare
mitología mythology
mocetón m. young man
moda fashion, manner, mode;
  ponerse a la moda to become fashionable
modesto, a modest, frugal
modificar to change
modo way, manner; *de otro
  modo* otherwise
mohoso, a rusty
mojado, a wet, drenched,
  soaked
molestar to bother, to annoy;
  molestarse to inconveni-
  ence oneself; to get angry

molestia discomfort; hindrance; bother
momento moment; *al momento*
  at once
momia mummy
moneda coin
monja nun
monje m. monk
monstruo monster
montado, a mounted; *montado
  a caballo* on horseback
montaña mountain
montar to ride; to get on; *montar a caballo* to ride a
  horse
moral f. morality, ethics;
  moral; *alta moral* lofty
  principles
morder to bite
mordisco bite
morena brunette
moribundo, a a dying person
morir to die; *morirse* to die
mosca fly
mostrar to show, to demon-
  strate; *mostrarse* to show
  oneself to be; to prove [to
  be]
motivo cause, motive; *sin
  motivo* without any cause,
  unreasonably
mover to move
movimiento activity; movement; *ponerse en movi-
  miento* to move on
muchacho, a boy; girl
muchísimo exceedingly, a great
  deal, a whole lot
muchísimos, as a great many
  [also of persons]
mucho, a much; *muchos, as*
  many [persons]; *lo mucho*
  how much
mudarse to move away
mudo, a tacit; dumb; muted
mueble m. piece of furniture;
  muebles m.pl. furniture
muerde see *morder*
muere see *morir*
muerte f. death; *de mala*

215

muerte   worthless, insignificant
muerto   a dead person; dead;
muerto a hierro   stabbed to
death; muerto de susto
scared to death
muestra   copy, proof; print [of
a photograph]; sample; also
see mostrar
mueven   see mover
mujer f.   woman; wife
mulita   idiot [lit. armadillo, in
Argentina]
multiplicar   to multiply; tabla
de multiplicar   multiplication table
multitud f.   multitude
mundo   world; todo el mundo
everyone
municipal   municipal; Consejo
Municipal   Municipal
Council
muñeco, a   doll
murió   see morir
murmurador, ra   gossipy
murmurar   to murmur
muro   wall
museo   museum
música   music
musical   musical
mutilación f.   mutilation
mutilado, a   mutilated
mutilar   to mutilate
muy   very

nacer   to be born
nacido, a   born
nacional   national
nada   nothing; nada menos   no
less
nadie   no one, nobody
nariz f.   nose; chata de nariz
see chata
narración f.   account, narrative
narrador m.   narrator
natural   natural; expected
naturalmente   of course, naturally
navaja   razor
necesario, a   necessary
necesitar   to need

necio   fool
negar   to deny; negarse   to refuse
negativa   refusal
negocio   business
negro, a   black; vestido de negro
in mourning
nene m.   baby
nervio   nerve
nerviosamente   nervously
nervioso, a   nervous
ni . . . ni   neither . . . nor
niebla   fog, mist
niega   see negar
ningún, ninguno, a   none; ninguno de los dos   neither of
the two
niña   girl
niñera   nursemaid
niño   boy
niños   children
noble   noble
nocivo, a   harmful
noche f.   night; media noche
midnight; por la noche   at
night; de noche   at night
nombre m.   name
norte m.   north; [estrella] norte
guiding star
noreste   northeast
nosotros, as   we; us
nota   [musical] note
notar   to notice, to observe
noticia   news
novela   work of fiction, novel
novia   girl friend, sweetheart
novio   boy friend
nube f.   cloud
nublarse   to cloud over
nuca   neck
nudo   knot
nueces f.pl.   nuts
nuestro, a   our; ours
nuevamente   again, anew
nueve   nine
nuevecito, a   brand new
nuevo, a   new; de nuevo   anew,
once more
nuez f.   nut
nunca   never

216

obedecer to obey
obediente obedient
obesidad f. stoutness, obesity
oblicuo, a oblique
obligación f. duty
obligado, a compelled, forced
obligar to compel, to make [by force]
obra work; deed
obscurantismo obscurantism
obscuridad f. darkness
obscuro, a dark, gloomy
observación f. remark, observation
observar to notice, to observe
obstáculo obstacle, hindrance
obstante standing; *no obstante* in spite of
obtener to get
obtiene see *obtener*
obtuvo see *obtener*
ocasión f. occasion, time, opportunity
ociosidad f. idleness
ocultar to hide, to conceal
ocupar to occupy; *ocuparse de* to take care of
ocurrir to happen, to take place; *ocurrirse* to think
echo eight
odiar to hate
odio hatred, hate
odioso, a hateful
ofender to offend
ofensa damage
oficina office; *Oficina de Correos* Post Office; *Oficina del Censo* Census Bureau
oficio trade
ofrecer to offer
ofrezco see *ofrecer*
oído ear
oír to hear, to listen
ojo eye; *ojo de la llave* keyhole
olivar m. olive grove
olmo elm tree
oler to smell
oloroso, a fragrant, odorous, smelling

olvidar to forget; *olvidarse* to forget; to be forgotten
omitir to leave out, to omit
opaco, a dark
opera opera
operado, a operated
operar to operate
opinar to judge; to think
opinión f. opinion; *opinión propia* [one's] own opinion or belief
oponerse to object
oprimido, a clutched, gripped
oprimir to clutch
oprobio shame
optimista optimistic
opulento, a succulent; luxurious
oración f. prayer
orar to pray
órbita socket
orden f. command; law and order; status quo; instruction
ordenar to order, to command
oreja ear
orfeón m. glee club; choral society
organización f. association, organization
organizar to organize
orgullo pride
orgulloso, a proud, haughty
origen origin
orillar to skirt
oro gold; money
oscuridad f. darkness
oscuro, a dark, gloomy
otoño autumn
otro, a another; *otros, as* others
oxigenado, a bleached
oya [*oiga*] listen! hey there!
oye, oyó see *oír*

pa [*para*] in order to
paciente m. & f. patient
pacientemente patiently
pacífico, a quiet, mild; *el Pacífico* the Pacific Ocean
pacto agreement

217

padecer to suffer
padre m. father; priest
padrino godfather; best man
[at a wedding], groomsman
pagar to pay
página page
país m. country, nation
paisaje m. landscape
pájaro bird
palabra word; *dirigir la palabra* to speak, to address;
palabra por palabra liter-
ally, word for word
pálido, a pale
palma palm, palm tree
palmada pat; *dar una palmada*
to pat
palmatoria candlestick
palmera palm tree
palmo wide [lit. a measure of
length from the thumb to
the end of the little finger
extended]
palpar to touch, to feel
palpitar to throb
pan m. bread; *panes* loaves of
bread; *panecillo* roll, bun
panoplia panoply, wall trophy
pantalón m. pants, trousers
pantalla lampshade
panzona big-bellied, pot-bellied
paño cloth, piece of cloth
pañuelo handkerchief
papel m. paper; role; *hacer un
papel* to play a role
par m. couple; *a la par de* as
much as; as hard as
para for; *¿para qué?* why?,
what for?
paradójicamente paradoxically
paralizar to paralyze
parasol m. sunshade; trellis
parecer to seem, to resemble;
¿no le parece? don't you
think? *¿que le parece?*
what do you think?; *pare-
cerse* to resemble
parecido, a similar
pared f. wall
pariente m. relative
párpado eyelid

parque m. park; *parque de
diversiones* amusement
park
parra grapevine
parroquia parish
parte f. part; *por parte de* on
the part of
particular strange, unique; private
partida game, entry
partido [political] party
partidario, a upholder; partisan
parturienta a woman giving
birth
pasada passing by; *a la pasada*
as he passed by
pasado past
pasaporte m. passport
pasar to cross; to pass; to come
to pass, to happen, to take
place; to subside; to go by;
to elapse; to transfer; to
spend [the night, etc.]; *pasar
por* to undergo, to pass
through; *pasar hambre* to
go hungry; *pasarse* to remain
pasear to take a stroll; to walk
paseo stroll
pasión f. passion
paso footstep; pace; *detener el
paso* to stop; *apresurar el
paso* to hurry up; *cerrar el
paso* to block or obstruct
the way
pastar to graze
pasto grass
pastor m. shepherd
pata paw; leg; foot
patilla sideburn
patio backyard; garden; porch
patriotismo patriotism
patrón m. boss
patrullar to patrol
pausa pause; *hacer una pausa*
to pause
pavor m. dread, fear
paz f. peace
pecar to sin, to misbehave
peces fish
pecho breast, chest

218

pedazo piece
pedido requested
pedir to ask for, to request, to beg
pegado, a caked, plastered
pegar to set, to glue; to whip, to chastise
peligro danger
pelo hair
peluquería barber shop
pena grief; hardship; *dar pena* to feel bad, to be sorry; *valer la pena* to be worth while
pender to hang
pendiente pending
penetrar to enter
penitente m. & f. penitent
pensamiento thought
pensar to think, to believe; *pensar cómo* to devise a way
pensativo, a thoughtful, pensive
penúltimo, a next to the last
peón m. peon, farmhand
peor worse
pequeño, a small, little; trivial
percha perch
perder to lose; *echar a perder* to ruin, to spoil; *perderse* to get lost
perdido, a lost
perdón m. pardon
perdonar to excuse, to pardon; *perdóname* pardon me
perecer to perish
peregrino, a felicitous; strange
pereza laziness
perezoso, a lazy
perfección f. perfection; *a la perfección* perfectly
perfectamente perfectly
perfecto, a perfect
perfume m. perfume
permanecer to remain
permiso permission; *con permiso* excuse me
pero but
perplejidad f. perplexity
perplejo, a perplexed

perro dog
persecución f. pursuit; persecution
perseguir to run after; to pursue; to harass
persiguen see *perseguir*
persona person
personaje m. character [in a novel or play]
personal · m. personal; personnel, staff
perspicaz perspicacious
pertenecer to belong
pesadilla nightmare
pesado, a heavy
pesar m. regret; *a pesar de* in spite of; to weigh, to regret
pescado fish [that has been caught]
pescar to fish; to catch
pesebre m. manger
peseta monetary unit of Spain
peso monetary unit of Mexico
petición f. petition, request
pez m. fish [alive]
picar to sting
picardía knavery, roguery; *con picardía* mischievously
pícaro rascal, rogue
pico beak
pide, piden, pidió see *pedir*
pie foot; *a pie* on foot; *al pie de* near; *al pie de la letra* to the letter; *ponerse de pie* to stand up
piedra stone
piel f. fur; skin
piensa, pienso see *pensar*
pierde see *perder*
pierna leg
pieza piece, part; room
pilar m. pillar
píldora pill
pimienta pepper [fig. liveliness]
pino pine tree
pintado, a painted
pintar to paint
pintor m. painter
pintoresco, a picturesque
pisado ground [pulverized]
pisar to step on, to tread on

piso floor; *piso de tierra* dirt floor
pisotear to trample underfoot
pistola gun, pistol
placer m. delight; pleasure
plan m. plan, scheme
planilla blank, questionnaire
plano plan, blueprint
planta plant; sole [of the foot]; *planta baja* ground floor
plantar to plant
plata silver
plato dish, plate
platónicamente Platonically
plaza public square
plazoleta small [public] square
pleito lawsuit
pleno, a full; *en pleno* in the middle of
plomo lead; bullet
pluma pen
plumero feather duster
poblar to populate
pobre poor; wretched, impoverished, impecunious; m. & f. a poor man or woman; *pobre diablo* an unfortunate person, a poor devil
pobretón m. pauper, a penniless man
pobreza poverty
poco, a little; *poca cosa* a trifle; *poco a poco* gradually; *dentro de poco* in a short while; *un poco* somewhat
pocos, as few
poder m. power; influence; to be able, to be possible; to withstand
podrá, podré see *poder*
poeta m. poet
polvo dust; powder; *polvo de la cara* face powder
polvoriento, a dusty
pómulo cheekbone
pondré see *poner*
poner to put; *poner en su lugar* to tell [a person] what's what; *poner un huevo* to lay an egg; *ponerse* to become, to get, to start; *ponerse de moda* to become fashionable; *ponerse enfermo* to get sick; *ponerse mejor* to get better
pongo see *poner*
por by; through; for; *por eso* on that account, for that reason, therefore; *¿por qué?* why?
porción f. part, a lot
porfiado, a recalcitrant
porfiar to persist; to cajole; to argue
poro pore
porque because
portarse to behave
portón m. gate; *portón del fondo* back door
portugués m. Portuguese language
porvenir m. future
poseer to own, to possess
posibilidad f. possibility
posible possible
posición f. position
posponer to postpone
postergar to delay
postre f. end; last
potrillo little colt
potro colt
práctica practice; *poner en práctica* to apply, to start doing, to carry out [a plan]
prado pasture land, meadow
preceder to precede
precio price
precioso, a pretty, beautiful
precipitarse to throw oneself headlong; to rush into or against
precisamente precisely
preciso, a exact; appointed
predestinado, a bound to; predestined
preferencia preference
preferir to prefer
prefiere, prefieren, prefiero see *preferir*
pregunta question
preguntar to ask

220

preguntón, ona　nosey; an inquisitive person
premio　prize, reward
prendas　accessories
preocupación f.　worry
precupado, a　worried
preocuparse　to worry
preparar　to get ready, to prepare
presencia　beauty, show; presence; *a presencia de* before; *presencia de ánimo* presence of mind
presentar　to present; *presentar la renuncia* to resign; *presentarse* to show up
presente　present; m. the present
presidio　jail
presión f.　pressure
prestar　to lend; *prestarse* to lend itself to
pretender　to intend; to expect
pretexto　pretext
prevenir　to warn
previamente　previously
previsor, a　foresighted, farseeing
primer, o, a　first
primorosamente　exquisitely
primoroso, a　elegant, exquisite
principal　main, principal
principala　lady of the house, the boss's wife
principio　beginning; *al principio* at first; *en un principio* at first; *desde un principio* from the [very] beginning
prisa　haste; *a prisa* in a hurry; *a toda prisa* in a great hurry; *darse prisa* to hurry up
prisión f.　imprisonment; prison
prisionero, a　prisoner
privarse　to deprive oneself
privilegiado, a　privileged
privilegio　privilege
probar　to test, to try
proceder　to come from

proceloso, a　tempestuous, stormy
procesión f.　procession
procurar　to try to
prodigio　wonder, marvel
producido, a　brought about
producir　to cause; to produce; *producirse* to occur
profetizar　to prophesy
profundamente　deeply
profundo, a　deep, profound
prohibir　to forbid
promesa　vow, promise; *hacer una promesa* to take a vow
prometer　to promise
pronto　soon; *bien pronto* very soon; *de pronto* suddenly; *por de pronto* for the time being
pronunciar　to utter, to pronounce
propias　their own
propicio, a　propitious
propiedad f.　property; *propiedad ajena* private property; *propiedades* [chemical or physical] properties
propietario, a　owner
propio, a　one's own; very; proper; *amor propio* pride; *el propio Satanás* the devil in the flesh
proponer　to propose; *proponerse* to try to
proposición f.　offer
propósito　purpose, intention; *a propósito* by the way, incidentally
propuso　see *proponer*
prorrumpir　to burst out
proseguir　to continue
prosigue　see *proseguir*
protagonista m.　protagonist
proteger　to protect; *protegerse* to protect oneself
provisto, a　provided
provocar　to provoke
próximo, a　next; forthcoming
proyectil m.　projectile; ammunition

221

proyecto plan, project
publicación f.   publication
publicado, a   published
público   audience, public
pude, pudo   see *poder*
pueblan   see *poblar*
pueblo   town
puede, pueden, puedes, puedo
    see *poder*
puente m. & f.   bridge
puerco   pig
puerta   poor
puerto   port
pues   so; since; then, for, be-
    cause; *pues bien*   well then
puesto, a   dressed; placed, put;
    le puesta   the one that one
    is wearing; *llevar puesta*
    to be wearing; *puesto que*
    since
pulcritud f.   neatness, perfec-
    tion
pulido, a   smooth; shiny
pulir   to polish; to stroke
pulmón m.   lung
pulso   pulse
punta   tip, end; *en puntillas*
    on tiptoe
punto   point; extent; dot; *a
    punto de*   about to; almost;
    desde aquel punto   from
    then on; *hasta cierto punto*
    to a certain extent; *punto
    de vista*   viewpoint
puntualidad f.   regularity, punc-
    tuality
puñado   handful
puro, a   pure
puse, pusieron, puso   see *poner*

que   that, which, who, whom
qué   what? which?
quebrar   to break
quedar   to remain; to turn out;
    quedar igual   to come out
    even; *quedarse*   to remain
quehacer m.   chore, task, work
quejarse   to complain
quemar   to burn; *quemarse*   to
    get burned

quemarropa: a quemarropa
    point blank
querer   to wish, to want; to love
querido, a   beloved; well-liked
queso   cheese
quién   who? whom? he who
quiere, quiero   see *querer*
quince   fifteen
quinta   villa, country house
quiso   see *querer*
quitar   to get rid of; to take
    away; *quitarse*   to get rid
    of
quizás   perhaps

rabia   rage; *con rabia*   angrily
radio f.   radio; *poner la radio*
    to tune in
radioso, a   bright, radiant
raíz f.   root
rama   branch
rareza   oddity
raro, a   strange, rare, unusual;
    raras veces   rarely
rastro   trace, vestige
ratificar   to insist
rato   a while, a short time; *al
    poco rato*   in a little while;
    largo rato   long while
ratón m.   rat
raya   line, stripe
rayado, a   streaked
rayo   ray, beam
razón f.   reason; *razón social*
    firm, company; *tener razón*
    to be right
razonable   reasonable
razonablemente   reasonably
real   real, monetary unit of
    Spain
realidad f.   reality, truth; *en
    realidad*   really
rebajar   to lower [the price], to
    reduce
rebanada   chip; slice
rebelde m.   rebel
rebosante   overflowing
receloso, a   distrustful; puzzled
receta   prescription
recibir   to receive, to be given

recién recently; *recién casado,
a* newly wed; *recién
nacido, a* newborn
recio, a rough, strong, coarse
recipiente m. bowl
recobrar to recover
recoger to pick up
recomendar to recommend
reconocer to recognize
reconstruir to reconstruct
recordado, a recalled
recordar to remember
recorrer to traverse, to travel
through; to resort to
rectificar to rectify, to
straighten
recuerdo souvenir; recollection; memory; see *recordar*
recuperar to recover
recurrir to resort
recurso resource
rechazar to turn down, to reject, to repulse
red f. net; *cogido en la red*
trapped
redoblar to double
reducir to curtail, to reduce
reemplazar to replace
referido, a aforementioned;
alluded to, referred to
referir to refer; to tell; *referirse*
to concern, to apply, to
refer
refiere see *referir*
reflexión f. reflection
reformar to alter
refugiarse to take shelter
regalado, a given [as a gift]
regalar to give away free
regalo gift
regatear to haggle, to bargain
regazo lap
régimen m. regime, treatment
región f. region
registrar to search
regla rule; *por regla general*
as a general rule
regocijo joy
regresar to return

regreso return; *estar de regreso*
to be back
regular regular
regularizar to regulate
regularmente usually
rehusar to reject, to refuse
reir to laugh; *reirse* to laugh
rejuvenecer to grow young, to
be rejuvenated
relámpago lightning; flash of
lightning
relatar to narrate
relativo, a concerning; in
connection with
religioso, a religious
relinchar to neigh
reloj m. watch, clock
relucir to shine, to glitter
relleno, a stuffed
remate m. end; top; *de remate*
completely
remedio remedy; recourse *no
quedar remedio* to be un-
avoidable
rememorar to remember
remitir to send
remoto, a distant, remote
rencoroso, a angry, rancorous
rendido, a exhausted, over-
come
rendir to subdue; *rendirse* to
surrender, to yield
renta rent
renuente reluctant, unwilling
renuevo a young plant to be
transplanted, a shoot
renuncia resignation
renunciar to give up; to deny
oneself
repantigar, repantigarse to
sprawl out [in a chair, etc.]
reparación f. repair
reparar to repair; to avenge; to
notice
repartir to distribute, to hand
out
repasar to strop, to hone; to re-
view; to practice
repente m. sudden impulse or
movement; *de repente*
suddenly

223

repentino, a sudden
repertorio repertoire, repertory
repetir to repeat
repite, repitió, repito see *repetir*
replantar to replant
repleto, a full, crowded, jammed
replicar to reply, to answer
reponer to regain, to restore
reprender to reprehend, to scold
representar to impersonate; to look; to represent
reprochar to scold, to criticize
reproche m. reproach, scolding
reproducido, a reproduced
república republic
republicano, a republican
repudio repudiation
repuso see *responder*
reseco, a very dry
reserva reserve
resignación f. resignation
resolución f. decision, resolution
resolver to decide, to be accomplished; *resolverse* to decide
resonar to resound, to re-echo
respectivo, a respective
respecto respect; *a este respecto* in this respect; *respecto a* in connection with
respetable respectable, considerable
respetar to respect
respiración f. breathing, breath
respirar to breathe
resplandor m. glare; radiance
responder to answer, to reply
respuesta answer, reply
resto remainder, rest
restregar to rub
resultado result, outcome
resultar to prove to be
resurrección f. resurrection
retener to keep; to retain
retirarse to withdraw; to depart
retorcerse to writhe
retraso delay

retratarse to be photographed, to have a picture taken
retrato photograph; picture
retroceder to back away
retumbar to resound
reunir to gather, to collect; *reunirse* to get together
revelación f. confession, revelation
revelar to reveal, to disclose
reverso back, reverse
revisar to audit
revolucionario revolutionary
revolver to revolve; m. revolver
rey m. king
rezar to pray
ribeteado, a studded
rico, a rich, wealthy
ridículo, a ridiculous; n. ridiculous situation
riéndose see *reir*
rigidez f. rigidity
rincón m. corner, nook; hovel
rindió see *rendir*
río river
rió see *reir*
riqueza wealth
risa laughter
risueño pleasing
roano sorrel
robar to steal
robo theft, robbery
rodear to surround; to gather around
rodilla knee
roer to gnaw away
rogar to plead; to request
rogué see *rogar*
rojo, a red; *ponerse rojo* to blush
romántico, a romantic
romper to break; to crack open; *romper a* to burst out, to start
ropa clothes
ropero clothes rack, clothes closet
rosa rose
rostro face
roto, a broken
rozar to touch lightly, to graze

rubio, a blonde; golden, yellow
rubricar to mark, to add a
   flourish [*rúbrica*] to one's
   signature
rudimental rudimentary
rudo, a rough, coarse
rueda wheel
ruido noise
ruidosamente noisily
ruina downfall, ruin
ruinoso, a in ruins, tumbledown
ruta highway; route; byway

sábana sheet
saber to know; *al saber* upon
   learning
sabrá see *saber*
sabroso, a tasty, delicious
sacar to pull out, to draw out;
   sacarse to take [a picture]
sacerdotal priestly
sacerdote m. priest
sacrificar to sacrifice
sacrificio sacrifice
sacristía sacristy; *ratón de sacristía* church mouse
sacudir to shake
sagrado, a sacred
sal f. salt; wit
sala parlor, living room
saldrás see *salir*
salida exit; dismissal; outlying
   field [near city gate]; outskirts [of a town]
salir to come from; to get out,
   to come out
saltar to jump
salto leap; *dar un salto* to
   jump up, to leap to one's
   feet
salud f. health
saludar to greet, to say hello
   to
saludo greeting
salvador, a life-saving
salvar to save
sangre f. blood
sano, a healthy
santo, a saint

¡Santo Dios! Good Heavens!
   Heavens almighty!
sargento sergeant
Satanás m. Satan; *el propio
   Satanás* the devil in the
   flesh
satisfacción f. satisfaction; *con
   satisfacción* joyfully
satisfactorio, a satisfactory
satisfecho, a satisfied; *darse
   por satisfecho* to be satisfied
sazón f. time; *a la sazón* then,
   at that time
sé see *saber*
secarse to dry up
seco, a dry
secreto secret
sector m. part, area, sector
secuestrar to kidnap
sed f. thirst; *tener sed* to be
   thirsty
seda silk
sedentario, a sedentary
seguido, a soon, direct; fol-
   lowed; *en seguida* at once,
   right away
seguir to continue; *seguir adé-
   lante* to move on
según according to
segundo, a second; m. second
   [measure of time]
seguridad f. safety; certainty;
   seguridad material concrete proof
seguro, a sure, certain
seis six
sello stamp
semana week
semblante m. face
sembrado cultivated field,
   sown ground
sembrar to sow, to seed
semejante such; of that kind
semejanza resemblance, simi-
   larity
semiborrado, a half obliterated
   or erased
semilla seed
sencillamente merely, simply
sencillo, a simple

225

seno bosom
sensación f. feeling; impression; *tener la sensación* to feel
sensacional sensational; fabulous
sensato, a sensible
sensiblemente awfully
sentado, a seated
sentar to sit; *sentarse* to sit up; to sit down
sentido meaning; sense
sentimental sentimental
sentir to feel; to be sorry, to regret; *sentirse* to feel
señal f. sign; signal
señalado, a marked; appointed
señalar to point out
señas whereabouts, address
señor m. sir; gentleman; Mr.
señora lady; Mrs.
señorita young lady; Miss
sepultar to bury
sepultura grave; *dar sepultura* to bury
sequedad f. dryness
ser to be; to exist; m. a human being
serenamente serenely
sereno, a serene, quiet; m. night watchman
serio, a sullen, serious; *en serio* seriously
servicio service
servido, a served; obeyed
servir to be of use, to serve, to do for
sesenta sixty
sesión f. meeting, session
setecientos seven hundred
severo, a harsh, severe, tough
si if, whether
sí yes; surely; indeed
siembra see *sembrar*
siempre always; *siempre que* whenever
sien f. temple [forehead]
sienta, an, e, en, o see *sentir* or *sentar*
sierra mountain range
siesta nap

siete seven
sigilosamente stealthily
siglo century
significar to mean
sigue, siguen see *seguir*
siguiendo following
siguiente following; next; *a la mañana siguiente* the next morning; *al día siguiente* next day; *lo siguiente* the following
siguió see *seguir*
sílaba syllable
silbido whistle
silencio silence
silencioso, a silent
silla chair
sillón armchair; rocking chair
simpatía sympathy
simpático, a likeable, charming, nice, pleasant
simplemente simply
simular to simulate; to pretend
simultaneamente simultaneously
sin without; *sin embargo* notwithstanding, nevertheless, however; *sin más* without further ado
sincero, a sincere
sino but; *no ... sino que* but rather
sintió see *sentir*
siquiera at least; *ni siquiera* not even
sirve see *servir*
sirviente m. servant
sitio place, spot, site; position
situación f. position
situado, a located
sobrar to be more than enough
sobre over, on; n.m. envelope
sobrepujar to surpass, to excel
sobresalto alarm, surprise; start
sobretodo overcoat
sobrevivir to survive
sobrino nephew
sofá m. sofa
soga rope
sol m. sun

soldado soldier
soler to be accustomed to
solicitar to solicit
solicitud f. petition, request
sólido, a solid, hefty
solitario, a solitary
solo alone; *sólo* only
soltar to let go, to let loose;
  soltarse to get loose
soltero, a bachelor; spinster
solterón m. [old] bachelor
solterona [old] spinster
sombra shadow, shade
sombrero hat
sombrío, a gloomy
someter to subject; to submit
sometido, a subjected
sonámbulo sleepwalker
sonar to sound
sonoro, a sonorous
sonreir to smile; *sonreirse* to
  smile
sonríe see *sonreir*
sonriéndose smiling
sonriente smiling
sonrió see *sonreir*
soñar to dream
soplar to blow
sórdido, a sordid
sorprendente surprising, unusual
sospechar to suspect
sostener to uphold; to keep
sótano cellar
suavemente smoothly, gently
soy see *ser*
subido, a high-priced
subir to climb up; to rise
súbito sudden
suceder to happen
suceso event
sucio, a dirty, filthy
sudar to sweat
sudario shroud
sudor m. perspiration
suegro father-in-law
sueldo salary
suele see *soler*
suelo floor; ground
suelto, a loose; *hoja suelta*
  leaflet

sueño dream; sleep; *tener su-*
  eño to be sleepy
suerte f. luck, fortune, fate;
  tener suerte to be lucky
suficiente enough
sufrimiento suffering
sufrir to suffer; to undergo, to
  experience
sumamente extremely
sumisión f. submission
supe, supo see *saber*
superficial superficial
superficie f. surface
suplicar to entreat, to beg
suponer to assume, to imagine
supongo see *suponer*
supremo supreme
suprimir to remove, to cut out
supuesto, a assumed; *por supu-*
  esto of course
sur m. south
surgir to come forth
suspenso, a perplexed
suspiro sigh
susto scare, fright; *dar un susto*
  to scare; *muerto de susto*
  scared to death
susurrar to whisper
suyo, a his, hers, theirs, yours

tabla tabulation; *tabla de mul-*
  tiplicar multiplication
  table
tacaño, a stingy
tal such; *tal como* just as; *tal*
  y como exactly as; *tal y*
  cual such and such; *un tal*
  a certain
tambalearse to stagger
también also
tampoco neither
tan so
tanto so much; *entre tanto*
  meanwhile; *tanto ... como*
  as much as
tapete m. cover for a table;
  blotter
tardanza lateness; delay
tardar to delay, to take long,
  to be late

227

tarde f. afternoon, evening; *buenas tardes* good afternoon; *demasiado tarde* too late; *más tarde* later; *tan tarde* so late

tarea work, task; homework

taza cup

té m. tea; *tomar té* to have tea

teatro theater

tedio boredom

teja tile

tejado roof

telaraña cobweb

teléfono m. telephone

telón m. backdrop

tema m. subject [of conversation], theme

temblar to tremble

temer to fear, to be afraid of

temeroso, a frightened

temiendo fearing

temor m. fear

tempestad f. storm

templado, a soft; lukewarm

templar to tune, to warm up; *templar el ánimo* to pluck up courage

temporariamente for the time being

temprano early

tender to stretch out

tendido, a stretched out

tendrá, tendré, tendremos see *tener*

tendría, tendríamos see *tener*

tenedor de libros bookkeeper

tener to have; to be; *tener que* to have to; *tener en cuenta* to remember, to take into account; *tener ganas* to want; *tener la sensación* to feel; *tener suerte* to be lucky

tengo see *tener*

teniente m. lieutenant

tentación f. temptation

tercer, o, a third

terminar to finish

terreno terrain; land

terrible terrifying, frightful

terriblemente terribly

tertulia social gathering; party

testamento last will, testament

testarudo, a stubborn

testigo witness

tibio, a lukewarm

tiembla see *temblar*

tiempo time; *tiempo atrás* some time ago; *a tiempo* in the nick of time; *los buenos tiempos* the good old days; *más tiempo* longer

tienda store; *tienda de víveres* grocery store

tiende see *tender*

tiene, tienen, tienes see *tener*

tientos strips of leather [use for lacing or tying]

tierno, a tender

tierra land, soil, earth, ground; dirt; world

tigre m. tiger

tímidamente timidly

tímido, a timid, shy

tinta ink

tintero inkstand, inkwell

tío uncle

tipo type, kind

tirado, a stretched out

tirano tyrant

tirar to throw; to pull; *tirar a* to tend to

tísico, a consumptive, tubercular; n. a consumptive person

tocar to touch, to feel; to play [a musical instrument]

tocayo namesake

todavía still, yet

todo, a everything, all, whole, entire; *todo lo contrario* quite the opposite

todos, as all, every; every one

tomado, a taken

tomar to take, to catch; *tomar en cuenta* to take into account, to remember; *tomar té* to have tea

tomate m. tomato

tono tone [of voice]
tonto, a fool; foolish
toque de retreta after dark [military retreat call]
torcer to turn
tormenta storm
tornar to return; to change; *tornarse* to become
torpemente awkwardly
torta cake
torre f. tower
torrencial torrential
torrente m. torrent
total m. total
totalmente thoroughly, wholly, totally
trabajar to work
trabajo work
traer to bring
tragedia tragedy
traicionar to betray; to fail
traidor traitor
trajo see *traer*
trampa trap, snare
trance m. awkward occurrence; critical moment
tranquera back gate
tranquilamente peacefully
tranquilo, a serene, tranquil, calm
transcribir to copy
transcurrir to elapse; to transpire
transitar to move; to travel
transmitir to send
tras behind, after
trastornar to upset
tratar to try; to deal with; *tratarse de* to be a question of
través across; *al, a* or *de través* across
travesura prank, mischief
trece thirteen; *estar en sus trece* to be persistent; to stick to one's opinion
treinta thirty
tremendo, a enormous; terrific; frightful
trémulo, a quivering, trembling, frightened

tren m. train
trepar to climb
tres three
tresillo ombre [a game of cards]
tribunal m. court
trinitaria pansy
triste sad
tristeza sadness
tristísimo, a very sad
triunfante triumphant
triunfar to win
trivial trivial
trocito a little bit; tiny piece
tronco tree trunk
tropezar to stumble
tropical tropical
tropieza see *tropezar*
trotar to trot
trozo piece
trunco, a truncated
turbio, a blurred
turco Turk, indifferently apto Syrians, Armenians, etc., who are generally shopkeepers, peddlers, etc.
tuyo, a yours

último, a last
ultraje m. insult; outrage
umbral m. doorway, threshold
un, o, a one
único, a only, sole; *lo único* the only thing
universal universal; *historia universal* world history
universo universe
unos, as some, a few; *unos cuantos* a few
urdirse to contrive
urgente urgent
usar to use
uso usage, practice, custom
usted, ustedes you
utilizar to use
utópico, a utopian

va, van, vas see *ir*
vacación, vacaciones f. vacation

229

vacilar to waver, to vacillate
vacilación f. hesitation
vagabundear to loiter, to loaf
vagabundo tramp, vagabond
vagido wailing cry
valer to be worth; *valer la pena* to be worth while
valgo see *valer*
valor m. value, worth; courage, valor
valle m. valley
vano vain; *en vano* in vain
variar to change
varios, as several
varón m. man, male
vasito small glass
vasto, a vast
¡Vaya! exclamation equivalent to Mercy! Go on!
veces times; *a veces* sometimes; *raras veces* rarely
vecino, a neighbor; neighboring, nearby
veinte twenty
vejado, a abused; insulted
vela candle
velada soirée, evening party
velar to watch over; to hold a wake over
veloz quick, fast
velozmente quickly
vena vein
vendaje m. tape; bandage
vender to sell; *venderse* to be for sale
vendiendo see *vender*
vendrá see *venir*
venga see *venir*
vengador m. avenger
venganza revenge
vengar to avenge
vengo see *venir*
venir to come; *venir de* to have just, to come from; *venirse abajo* to collapse
venta sale
ventaja advantage, favor
ventana window
ventanilla window [in railway cars, banks, etc.]

ventanita little window
ventilación f. ventilation
ventura happiness; *por ventura* perchance
Venus Venus; [fig.] beautiful woman
ver to see, to witness; *verse* to see oneself
veras f.pl. truth; *de veras* really
verbalmente verbally, i.e. through spoken words
verdad f. truth; *¿verdad?* isn't that so?; *¿verdad que sí?* do you agree?; *de verdad* real; really
verdaderamente truly, really
verdadero, a true, real
verde green
verdugo executioner
vereda path; [Argentine] sidewalk
verificarse to take place
vergonzoso, a shameful
vergüenza embarrassment; shame
versito little verse
vértigo daze
vestido, a dressed; *vestido de negro* dressed in mourning
vestigio remnant
vestir to dress; *vestirse* to dress
vez f. time, turn; *a la vez* at the same time; *a su vez* in turn; *de vez en cuando* now and then, from time to time; *una vez* once; *en vez de* instead; *de una vez* once and for all
vía way; *por vía de* by way of; as
viaje m. trip, journey; *ir de viaje* to go on a trip
vida life; *en vida* while alive, while living; *ganarse la vida* to earn one's living
viejo, a old; n. old man; old woman; old lady (i.e., wife)

230

viene, vienen, vienes   see venir
vientecillo   breeze
viento   wind
vigilia   vigil
vino   wine
violento, a   violent
¡Virgen del Carmen!   exclamation equivalent to Good Heavens!
visita   visit
visitar   to visit
vista   sight; glance; a simple vista   at first glance
viste   see vestir
visto   seen
viuda   widow
víveres m.pl.   victuals, foodstuffs; tienda de víveres   grocery store
vivir   to live
vivo   alive; bright
volar   to fly; volarse   to run away
volcar   to turn over; to upset; to spill
volúmen m.   volume; corpulence
volver   to return; volver a   to turn to; to do [something]

again; volverse   to become; to turn around
vomitar   to vomit
vórtice m.   vortex, whirlpool
voy   see ir
voz f.   voice; en voz alta   aloud; en voz baja   in an undertone

ya   already, now
yegua   mare
yema   tip, end
yo   I
yuyos   wild grass

zafado, a   loose, untied
zanahoria   carrot [Argentine], nitwit
zapatillas   bedroom slippers
zapato   shoe; dar con la horma de su zapato   to meet one's match
¡zas!   bang!
zona   area, zone, region
zoológico, a   zoological
zoólogo   zoologist
zopenco   idiot
zorro, a   fox